はじめに

神人和楽《しんじんわらく》」という言葉が古神道《こしんとう》にあります。「神と人間がともに和《なご》み楽しむ」という意です。そこから、神仏や天地自然を愛し、精神的にも経済的にも豊かで、幸福な生活をわうことを理想にしています。本書は、読者の皆さんに〝和楽な人生〟を生きていただ、ための神社・仏閣（寺院）を活用した「神・仏・先祖」開運法を紹介しています。

古くから、日本は「言霊《ことたま》の幸《さきは》ふ国」と呼ばれてきました。言葉に宿る霊的パワーを言霊といいます。幸運を招き、たくさん受け取る言霊が「おかげ様」です。この御蔭様《おかげさま》は、「神仏や先祖が草葉《くさば》の陰で見守っている」という考えからきています。

草葉の陰が〈蔭《かげ》〉（草かんむりに陰）であり、「おかげ様」とは自分の背後で自分を守っている「神・仏・先祖のご存在」の総称でもあります。「神・仏・先祖」開運法は自分の見えざる大いなるサポーターをたくさん増やし、活用する方法です。

豊かになるには、自分を助けてくれる多くのサポーターが必要です。「袖すり合うも他《た》生《しょう》の縁」という諺《ことわざ》がありますが、縁には「上の縁、中の縁、下の縁」があります。上の縁とは、自分を助けてくれる人との縁で、開運縁といいます。特に「おかげ様」と呼ばれる「神・仏・先祖」は、人の縁をもって運命を好転（開運）してくださいます。その働きを「ムスビ」といいます。

神脈《しんみゃく》・仏脈《ぶつみゃく》が縁ある人脈を呼び、その人脈が金脈を呼びます。自分のルーツの縁を大切にすると、人との縁が良くなります。産土《うぶすな》によって、人生全般が底上げされてきます。産土とは、ふるさとの神仏のことです。

さて、古神道には「運身《うんしん》」という考え方があります。人間の宿命・運命は、身体内に情報として存在します。人相や手相などの観相法《かんそう》は「運身」を観る方法と言えます。運身とは「霊的・運命学的身体論」です。近年、私は運身を通して〝直接的〟に宿命・運命を清め、改善できる「運身開運法」を開発しました。

宿命はハード（肉体）とソフト（人生の流れ）に分かれています。時代、人種、民族、親、性別、体格、気質、容姿などが宿命のハード面です。ソフトは個人の人生の大きな流れです。人生の大きな流れの中で、自分の思考や行動で人生をより良くしていくことを、

「運命を開く（開運）」といいます。

本書の特長は宿命・運命のネガティブな側面をデトックス（毒出し）して、人生の質そのものを改善する画期的なメソッド（方法）を初公開していることです。宿命のソフトそのものを改良することで、良質の人生になります。そして、「神・仏・先祖」開運法と宿命・運命の清めと改善をする「運身開運法」をあわせて行なうと、相乗効果があります。

ここで、各章の概要を述べておきましょう。

第1章では、「神・仏・先祖」三位一体《さんみいったい》の守護力アップ法と神社・寺院開運法を述べています。また、ふるさとの神である「産土《うぶすな》の大神《おおかみ》」をはじめとした守護のご存在たちは幽《ゆう》顕《けん》調和をつかさどり、死後の安心を与えるご存在たちです。また第1章では誕生から人生全般、死んだ後の世界まで助けてくださる産土の神仏について述べています。

第2章では、日常生活でできる「神・仏・先祖」の守護力をアップする祈り方をわかりやすく解説しています。

第3章では、至極《しごく》の秘言《ひごん》「先天《せんてん》の三種《みくさ》の大祓《おおはらへ》」とカルマ昇華《しょうか》の真言《しんごん》で前世・先祖のカルマを昇華し、宿命・運命を清め改善する方法を紹介しています。これは私が独自に研究・開発した方法で、〈人生の設計プログラミングそのもの〉を改良していくものです。

第4章は、「神社・寺院開運法と金運アップ術なんでもQ&A」です。神社・寺院での祈願の素朴な疑問、幸せになる結婚術、金欠病対策、具体的な金運アップ術を述べています。

第5章は、ゆとりのある人生を歩むための陰陽調和の連結思考を紹介しています。これは、人生すべてを連結させて、相乗効果をはかる方法です。陰陽を調和させると発展性や創造性が出て、「太一《たいっ》」という新たな価値が生まれます。そして、神と仏、自力と他力の陰陽調和で、運命を開いていきます。

付章は、厄年や空亡《くうぼう》（天中殺）、ピンチを乗り切るための指針と具体的な神社・寺院開運法を開示しています。一般の方はもちろん、プロの運命鑑定士、神道家、僧侶、宗教家、精神指導者にとっても大いに参考になることでしょう。

本書を読まれて、「神・仏・先祖」開運法と「運身開運法」を実行し、多くの人がゆとりある豊かな人生を味わわれることを心から願っています。

山田雅晴

秘伝公開！　神社仏閣開運法——目次

はじめに　3

第1章●「神・仏・先祖」三位一体の守護と後押しをいただく

日本人は「神・仏・先祖」の守護を「おかげ様」と表現した　16
「産土神社・菩提寺・お墓」の三点セット参拝が基本　19
「おかげ様で、ありがとうございます」は守護力と幸運を受け取る言霊　21
産土の神仏は家族・出産・就職に大いなる加護を与える　23
「借金を返せた」「昇進した」など経済面もバックアップ　26
問題解決・仕事・受験に効果がある「二一日間産土（鎮守）神社参拝法」　28
産土の神仏は死後の安心を与える幽顕調和のご存在　31
死後は産土のご存在に導かれるのがベスト　33

第2章 日常生活でできる「神・仏・先祖」の守護力アップ術

祈りは〈意乗り〉であり、念力とは違う 38
守護のご存在のご開運を祈ると、守護力がアップする 42
「神・仏・先祖」が喜び、元気になる祈り詞 44
〔人生開運の祈り詞〕 44
〔神・仏・先祖が喜び、元気になる祈り詞〕 45
一霊四魂を主座として、守護のご存在がマンダラ状に守護している 48
先祖は父方・母方合わせて「三〇代、一〇〇〇年、一〇億人以上」をイメージして祈る 51
産土神社・鎮守神社・一般の神社での神仏に通じる祈り詞 52
◎産土神社・鎮守神社 52
◎一般的な神社 54
コラム 開運のための神社参拝作法 55
自分の菩提寺の総本山とご本尊を知る 60
菩提寺・一般のお寺での仏尊に通じる祈り方 64

◎菩提寺　64
◎一般的なお寺　65
「十干・十二支・八卦」は空間・時間・大自然の気質をあらわす　66
至極の秘言「先天の三種の大祓」で、宿命・運命を清め改善する　68
神脈・仏脈が人脈を呼び、人脈が金脈を呼ぶ　72

第3章●宿命・運命・カルマを清め、改善する

人間は自分と同質のものを引き寄せる　78
古神道の最奥義「自神拝」から宿命・運命の清めを考え出した　80
「霊・魂・魄」と霊的ボディの清め・改善　82
無意識内の「宿命・運命のネガティブな要素」をデトックスする　85
コンプレックス・カルマ・トラウマの相関関係　89
人体の背中部分に「運身の核」がある　91
手相学と「一霊四魂論・チャクラ論・東洋医学」が一致することを発見！　94
「宿命・運命の清めと改善」は、自分の内側に光を入れる　98
一族的トラウマを先天の三種の大祓で、おへそから清める　101

カルマ昇華の真言で前世・先祖のカルマを昇華する　103
◎祓い清めの神言で、ケガレを祓う　104
太陽の大神さまの日拝で宿命・運命の濁りをきれいにする　106

第4章●神社・仏閣開運法と金運アップ術なんでもQ&A

Q．神社には月に何回ぐらい行けばよいでしょうか　110
Q．神社の祓い詞やお寺のお経と、本書の祈り詞はどちらを先に行なえばよいでしょうか　110
コラム　仏閣（寺院）で開運するための参詣法　111
Q．お祈りはいつ、何回すればよいでしょうか。また、声は出した方がいいですか　113
Q．神社の境内にある稲荷神社は参拝した方がよいでしょうか　114
Q．縁があれば結婚したいと思っていますが、何か良い方法はありますか　115
コラム　九星の相生・相剋を結婚や人間関係に活用する　116
Q．神仏の守護と、宿命・運命の清めはどう違うのですか　122
Q．産土神社や鎮守神社は氏神さまとは違うのですか　123
Q．金運をアップする神言や真言があれば、教えてください　126
〈先天の三種の大祓〉　126

〔カルマ昇華の真言〕 127
〔ひふみ祝詞〕 127
〔神語〕 128
Q．仏壇の下にお金を入れているのですが 128
Q．確実に貯蓄を増やす方法はありますか 130
Q．古神道の金運アップ術を教えてください 132

第5章●陰陽調和の連結思考で、ゆとりのある人生を歩む

人生すべてを連結させて、相乗効果をはかる 138
連結思考で時間の質を高め、ゆとりのある人生にする 140
「がんばる」から、「上達する」へ思考を変える 141
◎本番の言霊 144
陰陽を調和させると、新しい価値が生まれる 145
陰陽調和の昇揚法の自問自答術を口グセにする 148

少しずつの改良・改善が自己変革をもたらす　152
自力と他力の陰陽調和で、人生を創造する　154
東洋と西洋の陰陽調和で、人類の危機を乗り切れ　156
緑化をしていくことが、人類の開運につながる　158
天地自然を「人類の師」として、「うぶすなの心」で生きる　160

付章●厄年・空亡（天中殺）・ピンチを乗り切る開運法

厄年や空亡（天中殺）は自分のシャドーコンプレックスが噴出する時期　164
厄年・空亡を乗り切る開運法を編み出した経緯　167
人生の節目が厄年・空亡であり、人生の実力が試される　170
厄年を乗り切るための具体的な開運法・神言・真言　172
〔厄年・空亡（天中殺）を清め、宿命・運命を改善する祈り詞〕　173
〔身神・仏尊への感謝の祈り詞〕　175
〔光の仁王経ダラニ〕　176
九星気学・本命星一覧表　179
空亡（天中殺）は「健康・仕事・精神面・家庭」における弱点が顕在化する　180

厄年・空亡（天中殺）を乗り切るための神社・仏閣開運法　183
コラム　吉方位と「神社・仏閣活用法」で相乗効果をはかる　185
空亡現象を軽減させる開運法・神言・真言　188
自ら危地に赴かないように気をつける　192
宿命・運命が変わると、「四柱推命の命式」が霊的に変わる？　194
コラム　四柱推命は誕生「年月日時」から本人の適性・運命傾向を導き出す　198
晩年（未来）を意味する時柱が宿命・運命の改善によって後天的に変化する　200
人生の設計プログラミングを改良する　204
開運し、豊かな人生を自ら「創造」していく　206

おわりに――自分の人生を大切にし、相手の人生を尊重する　209
参考文献　214

本文イラスト　渡邉ユリカ

第1章

「神・仏・先祖」三位一体の守護と後押しをいただく

日本人は「神・仏・先祖」の守護を「おかげ様」と表現した

万物にはすべて陰陽《いんよう》があります。火と水、表と裏、昼と夜、右と左、父と母、左脳と右脳、自力（人間の力）と他力（神仏の力）という形です。日本人は偉大なる〈陽〉の守護のご存在を「神」としてとらえ、〈陰〉の守護のご存在を「仏」としてとらえました。

自分が生まれた郷土そのものに宿り、誕生から現世での守護だけでなく、死んでからも高い霊界へ導いてくださる一生の守り神を「産土《うぶすな》の大神《おおかみ》」といいます。産土の大神は大地に宿り、「産霊《ムスビ》」の力によって、人間を開運へと導きます。

ムスビとは陰陽の調和をあらわす言葉で、「縁結び」もムスビです。その「ムスビ」の代表的神である産土の大神さまが拠点としているのが、産土神社《うぶすなじんじゃ》と呼ばれる「ふるさとの神社」です。今生《こんじょう》では生まれた場所に意味があり、それを核（要《かなめ》）とすることが大事です。「幸福の青い鳥」は自分のふるさとにいるのです。

〈陽〉産土の大神さまをはじめ、ルーツの守護存在

〈陰〉ご本尊さま・仏尊・仏尊の神々さま

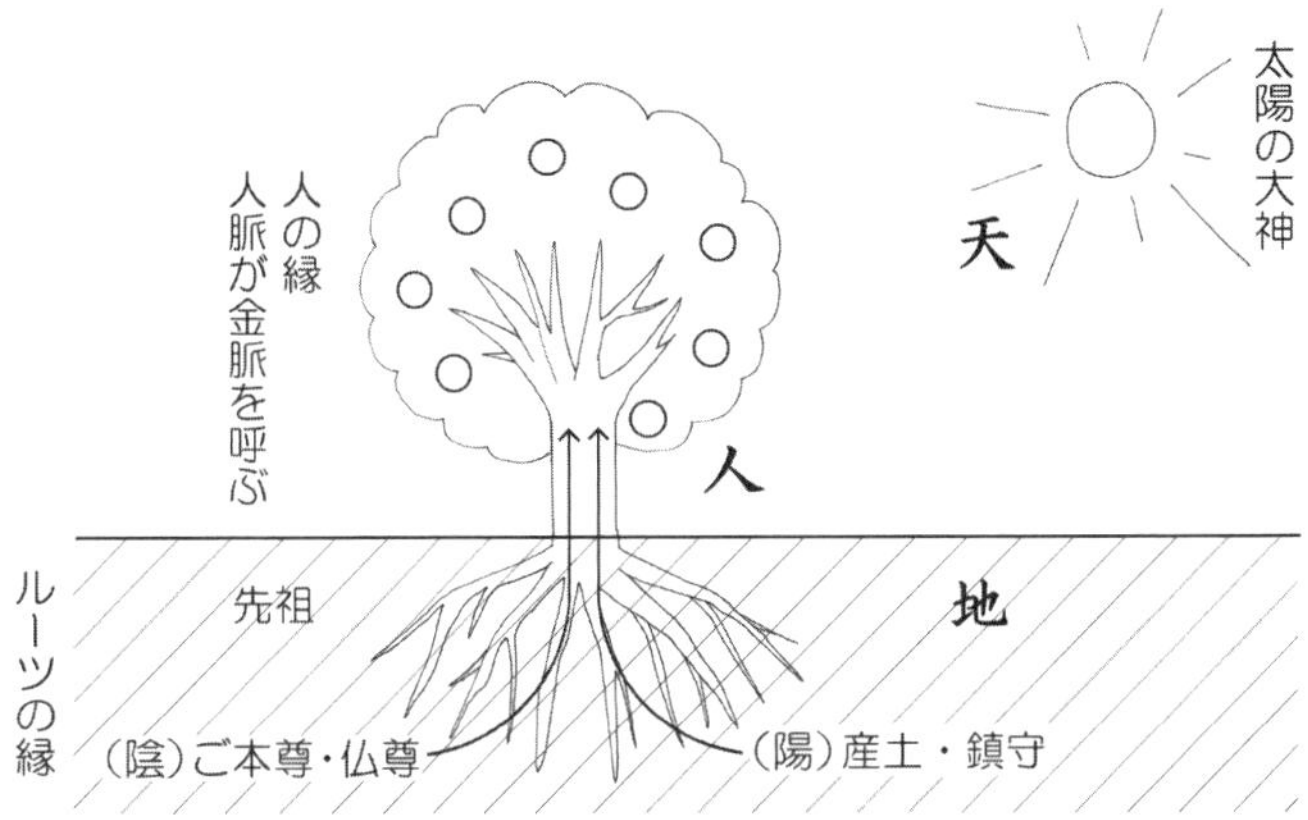

〈先祖〉 守護霊さまや守護先祖霊団

人間を木に例えますと、地上の幹や枝葉《えだは》が生きている私たちになります。土の中にある根が先祖です。植物がよく育つには「土」が重要です。砂漠や荒地《あれち》では植物は繁茂《はんも》できません。この土の〈陽〉が産《うぶ》土《すな》・鎮守であり、〈陰〉がご本尊《ほんぞん》さま、仏尊《ぶっそん》・仏尊の神々さまになります（イラスト参照）。仏尊の神々さまとは、毘沙門天《びしゃもんてん》さまのように仏尊とともに働く神々のことです。

　土は多様な養分がたくさん含まれた方が良いのは当然です。陰と陽の力が調和して、根である先祖がよりパワーアップします

　陰陽の神仏のお力（養分）が先祖という根にいくと、根が広く深く地中に伸びます。それが幹を通り、枝葉に行き渡り、たくさんの実がなります。

たくさんの実とは「開運し、豊かな人生になる」ということです。また、実とは子孫を意味します。

現代人は、自分の先祖や先祖たちが大切にしてきた産土神社や菩提寺を軽視するようになってしまいました。そうなると、養分が幹や枝葉にいかず、枯れてきます。現在の日本での自殺、犯罪の増加、家族崩壊などを観ますと、まさしく〈根枯《ねが》れ〉が起きている状態です。

そして、植物は太陽の光で、光合成を起こします。開運法としては太陽の大神さまの日《にっ》拝《ぱい》があります。日拝については105ページで説明します。太陽の「天」と、産土の「地」で天地和合（陰陽調和）になります。

私は「産土によるグラウンディング」を提唱しています。グラウンディングとは、「大自然を師として、大地にしっかり根を張る」という意味です。天に高く伸びる大樹になるには、地下深く根を張ることが必要です。浮き草人生にならないで、大地にしっかり根を張った大樹に人生を育てていくと考えてください。

家を建てるにも基礎工事が重要です。基礎がしっかりしていないと、建物がグラグラします。人生の基礎固めが「産土のグラウンディング」ということです。

また、グラウンディングとは「自分の足元から始める」という意味もあります。禅の言に「脚下照顧《きゃっかしょうこ》」があります。「足元に気をつける。自己を見つめ直す」ということです。外にばかり目を向けないで、「ルーツのおかげ様」や自分の内面に目を向け、着実に歩んでいきます。

しっかり大地に足をつけ、足元から根を深く広く伸ばしていくという気持ちをもつと、現実に結果（実り）が出やすくなります。自分の意識をグラウンディングすることで、自分の人生を天高く伸びる大樹にしていくイメージです。

「産土神社・菩提寺・お墓」の三点セット参拝が基本

神社・仏閣開運法では、産土《うぶすな》神社・菩提《ぼだい》寺・お墓の三点セット参拝が基本になります。お彼岸やお盆の時は、「神・仏・先祖」のセットで参拝すると開運に効果があります。

重要なのは、お墓にお参りする際、菩提寺にもお参りし、菩提寺のご本尊さま方に感謝し、ご先祖さまのご加護をお願いすることです。菩提寺は自分の先祖が代々信仰していた宗旨《しゅうし》で、先祖のお墓があるお寺です。

私が開運カウンセリングをしていて、「お彼岸にはお墓にお参りにいっています」という人は多いのですが、父方の実家、または婚家《こんけ》の墓がほとんどです。でも本当は、菩提寺・先祖のお墓は父方だけでなく、母方もとても大切なのです。実は、霊的世界は母方の影響が強いのです。先祖の墓所は自分の父方・母方、そして皆さんに配偶者がいる場合は配偶者の父方・母方もありますから、四家あると認識してください。

さて、皆さんは自分の菩提寺のご本尊さまがどなたか、ご存知ですか。ご本尊さまとは、家の仏教宗旨の主な仏尊のことです。浄土宗や浄土真宗だと阿弥陀如来《あみだにょらい》さま、真言宗だと大日《だいにち》如来さまになります。多くの仏閣でご本尊さまとして祀られている釈迦如来さまは、文殊菩薩《もんじゅぼさつ》さまと普賢《ふげん》菩薩さまを脇侍《きょうじ》としており、三仏尊で、「釈迦三尊」といいます。そして、ご本尊さまには、多くの仏尊や配下の神々さまがついています。

たとえば、阿弥陀如来さまの場合は、観世音《かんぜおん》菩薩さまなど二十五菩薩を従えています。大日如来さまの場合は、すべての仏尊や仏尊の神々や龍神《りゅうじん》さまたちを従え、配下のご存在は数百万体以上になります。

薬師瑠璃光《やくしるりこう》如来さまの配下の神々には十二神王《しんのう》（神将《しんしょう》）さまなど、多くの仏尊の神々がおられます。縁あるすべての仏尊、仏尊の神々、ご先祖さまたちが信仰してきたご本尊さまたちに感謝し、ご開運を祈ると、大いなるサポーターになってくださいます。第2章で詳しく説明します。

私たちの先祖も、自分の父・母、その父・母と、三〇代さかのぼってネズミ算式に計算すると、一〇億人以上になります。また、配偶者（夫・妻）の先祖もあわせると、先祖たちが拝んでいたご本尊さまをはじめ、縁あるすべての仏尊、仏尊の神々さまも膨大な数になります。代々神道の家系であっても、三〇代さかのぼったら、中には仏教徒だった先祖もたくさんおられるでしょう。

産土の神仏やご本尊さま・仏尊・仏尊の神々さまによって、先祖がご開運してくると、浄土に上がるご先祖さまがたくさん出てきます。三〇代前までの先祖たちのうち、その一部が私たちの高級守護先祖霊団になってくださいます。その守護先祖霊団がたくさん増えると、大いなるサポーターとなってくださり、子孫である私たちの運が良くなります。

「おかげ様で、ありがとうございます」は守護力と幸運を受け取る言霊

日常生活において、ベストの開運の言霊が「おかげ様」であり、次が「ありがとうござ

います」です。したがって、「おかげ様で、ありがとうございます」は最高の開運＋守護力アップの言霊になります。

さらに、自分の背景を意識して「おかげ様で」と感謝すると、「神・仏・先祖三位一体の守護のご存在」の守護力がアップします。成功は自分の力だけではないという謙虚な気持ちになり、過信・慢心におちいらないですみます。

また、人間が悪事を働くのは、誰も見ていないと思うからです。お天道様《てんとう》と御蔭様が観てくださっていると思うと、なかなか悪いことはできなくなります。「おかげ様」信仰は、古来の日本人の道徳観の根底にあり、それが忘れられている現代は凶悪犯罪が増えているわけです。

「神仏の後押しをたくさんいただくには、人間の受け皿が大切です」と神仏もおっしゃっています。神仏に後押しをいただく秘訣も、「おかげ様で、ありがとうございます」なのです。開運するには、多くの人たちにサポーターになっていただき、上手に助けてもらうことも大切です。幸運と富を呼び込む言霊を発し、行動を起こして、来たものを遠慮なく、しっかり受け取ることです。吉運と豊かさを呼び込む「陽の能力」と、しっかり受け取る「陰の能力」を高め、陰陽調和させることが重要です。**人からほめられたり、何かしてもらっ**

たりした時は、「おかげ様で」や「ありがとう」を口グセにするとよいでしょう。

釈尊（お釈迦さま）は「笑顔で愛のある言葉を使いなさい。それが功徳《くどく》になる」と和顔《わがん》愛語《あいご》を説いています。さらに、「最上の良い言葉を語れ」と説き、「自らに頼れ」と教えました（参考・『ブッダの生涯』中村元著、岩波書店）。自分の言葉と意識的に付き合っていくことです。

日常会話でも、次のように「おかげ様で」を枕詞《まくらことば》につけるとよいでしょう。

「おかげ様で、楽しく仕事しています」
「おかげ様で、家族仲良く生活しています」
「おかげ様で、仕事はうまくいっています」

産土の神仏は家族・出産・就職に大いなる加護を与える

「神・仏・先祖（おかげ様）」三位一体の守護力アップ法は、家族の幸福、結婚（縁結び）、出産、精神的悩みの解決、病気快癒の後押し、死後の安心などすべての開運の基本です。

鎮守《ちんじゅ》神社とは現在住んでいる場所の近くで、自分の鎮守の大神さまが拠点としている神社です。鎮守神社は産土の大神さまとの神縁《しんえん》で決まり、産土神社とペアで守護してくださいます。産土の大神さまが人生全般の守護（家庭・精神・結婚・出産）をしてくださるのに対して、鎮守の大神さまは仕事・生活面の守護と後押しをつかさどります。

産土の大神さまと鎮守の大神さまとで陰陽の働きになります。産土神社と鎮守神社は開運にとって最重要な神社で、最優先に参拝した方がよい神社です。

自分のルーツを大切にし、それに縁ある偉大なご存在たちから、開運し、豊かになるための後押しをいただきましょう。私は開運カウンセリングや各種開運法講座を開催していますが、その中での体験談をご紹介しましょう。

「今年（二〇〇七年）三月まで東京で会社員をしておりましたが、地元の北海道で仕事がしたくて、三月末で退職し、四月上旬から北海道のハローワークで仕事を探し始めました。私は五十代後半なので、就職先が決まるには半年くらいはかかると思っていました。

山田先生の開運カウンセリングを受けた時に、教育方面が向いていると言われていたので、その方面で就職できないかと思っていたところ、工業系の専門学校で教員を募集していました。四月上旬に面接し、中旬には採用即仕事と、あっという間に再就職できました。しかも仕事は情報システムの教員で、今までの仕事の知識や技術が存分に活かせるので

す！　場所も産土神社に近く、守護の神仏にたいへん感謝しています」（北海道・Yさん）

「私の高校時代からの友人で、結婚して五年たっても子どもを授からない人がいましたが、昨年一二月、待望の男の子が生まれました。産土神社にお参りして半年くらいの間に、彼女の職場環境が変わって、それまでパートだったのが正社員になったのです。体調に合わせて休みを取って不妊治療に行っていたのが、正社員になったら休みを取りづらくなり、休日に治療に行かなければならなくなりました。医者に『もう不妊治療してもムダです』と言われてショックを受けたそうです。

しかし、何か予感がしたので、医者を説き伏せて、無理やり治療してもらったそうです。その日の治療の成果が出て、授かったのだといいます。また、頭痛がするとか、夏場は体調が悪いとか言っていたのですが、産土神社にお参りするようになってから、安心して、気持ちもおおらかになりました。その精神的安定もあり、授かったらしいです。会うと、彼女はどっしりした落ち着いた雰囲気になっていました」（岡山県・Nさん）

「今夏に私の母と私の娘二人がアメリカ滞在中の弟の所に遊びに行った時、乗用車の後ろからレッカー車に追突されました。車は大破して後部座席はすぐ後ろまでペッチャンコで廃車になったにもかかわらず、乗っていた六人にはかすり傷一つありませんでした。これは守護の神仏のおかげだと本当にありがたく思いました。これだけ神仏が守ってくださって、今の私が心安らかにしていられるのですから、社会の役に立つことをやらねばとの思いを強くしました」（愛知県・Yさん）

事故などで、紙一重ということがあります。「神・仏・先祖」の開運法を行なっていますと、〈神一重〉で助かることがあるのです。まさしく「おかげ様」です。

「借金を返せた」「昇進した」など経済面もバックアップ

神社・仏閣開運法と金運アップ術（後述）を組み合わせると、すばらしい相乗効果が出ます。いくつか体験談をご紹介しましょう。

「私は開運カウンセラーとして、さまざまな相談を受けていますが、その中の体験談を三つ紹介いたします。

①借金完済　二〇〇万円ほどの借金があり、二人で働いても利息しか返せない状態のご夫婦が相談に来ました。神社参拝・祐気取り《ゆうきと》（山田注・吉方位《きっぽうい》に旅行して、その吉《きち》の運気「祐気」をいただくこと）・自宅の風水改善をしていただいたところ、半年足らずで借金を全

額返済できました。もちろんご本人たちの心がけもよかったからでしょう。

②元気に退院　相談者の祖母が入院し、医師からは『退院はもう無理』と宣告されました。鎮守神社をリサーチしたところ、その地方の一の宮《みや》（山田注・その地方で一番社格が高く重要な神社）が鎮守神社でした。家族がすぐ参拝したところ、少しずつ快方に向かい三週間ほどで元気に退院なさいました。医師は不思議がっていたそうです。

③裁判順調　土地の所有権をめぐって、裁判になった人の相談です。一筋縄ではいかない難しい相手で、全くの平行線状態が長年続いていたのですが、相談者が産土神社・鎮守神社にお参りしたところ、相手の態度が変わり、和解になりつつあるという報告を受けました。相談者は東京都在住の多忙な人で、産土神社は長野県だったにもかかわらず、神社がわかってすぐにお参りなさいました」

「私は、この四月一日付で人事担当係長職に昇任いたしました。係長職は従来、最短で四五歳でありましたが、組織で初めて四二歳で昇進したばかりか、この人事担当という職は、約二五〇〇人もの人事権をもつ重要なポストで、かつては自分が就くなどとは夢にも思っていませんでした。開運法を実践する中で、『四三歳までに係長職』という目標を掲げ、日々の守護の神仏への祈願などの開運法を実践してまいりました。（東京都・Yさん）

係長職を四三歳までに……という目標は無謀な感もありましたが、『開運法を信じて実践していれば目標は叶う』と思い、がんばっておりましたところ、ポスト若返りという大きな方針の転換がはかられ、目標が実現したわけであります。本当に目標は叶い開運するものだと、そのすごさを実感しております」（静岡県・男性）

「各種講座で学んだことを実践していると、確実に手応えがあり、じわじわと自信もついてきました。おかげ様で自営業を始めた頃の月収が、この二年足らずで三倍を超えることができました」（大阪府・Yさん）

問題解決・仕事・受験に効果がある「二一日間産土（鎮守）神社参拝法」

産土神社・鎮守神社・菩提寺をメインにする開運法にも、さまざまなものがあります。その中で代表的な方法が二一日間連続して産土神社に参拝して、産土の大神さまに祈願する方法です。就職、仕事の依頼、家庭内の問題解決に有効です。

産土神社が遠い人は、鎮守神社（現住所を守ってくださっている神社）で行ないます。幸運の女神の来訪の頻度を高める方法ですから、参拝と同時に、その目標に向かって自ら行動を起こし、チャンスをものにしてください。
「久しぶりに会ったいとこに、『実は長男が八年間引きこもりで悩んでいる』と打ち明けられました。日を改めて家に来てもらい、ひととおり調べ、『本人が行けないのならば、あなた（母親）が代わりに息子さんの産土神社へ二一日間参拝して、ご開運をお祈りしてみて』とアドバイスしました。
その後、すぐに参拝にうかがったいとこから『本当は半信半疑だったけれど、鳥居をくぐったとたんに、なぜかありがたくて涙が出た』と連絡がきました。その後も、家族とすら口をきかなかった息子さんが話をするようになり、三カ月後には家の外に出られるようになったそうです。『すぐに行動したので神仏が応えてくださったのだな、ありがたいな』と思うと同時に、学んだことが人の役に立つということが実感できて、とてもうれしく思いました」（東京都・Oさん）
「中学生の息子さんをもつお母さんが、『入る高校がない』と相談に来られました。産土神社、自宅の鎮守神社、それに希望高校の鎮守神社にも参拝したところ、次の三者面談で校長先生から推薦をもらえて合格したのです。一週間前に親子で悩んでいたのがウソのようです。その後、産土神社・鎮守神社参拝を入学まで毎日続けたそうです。

また、昨年（二〇〇六年）一〇月、知人の義姉が末期ガンであと一週間だと連絡がありました。『何を飲ませたらいい？』と聞かれたのですが、ふと思い出したので神社の話をしたところ『何でもやるから』と言うので、すぐに産土神社と、自宅と病院の鎮守神社をリサーチし、祈り詞《ことば》も教えました。翌朝早くに早速三社とも参拝し、二一日間参拝を続けたそうです。二カ月後に電話があり、（余命一週間と言われたのに）まだリハビリをしていると聞いてビックリしたのですが、その後すぐに外泊許可が出て本人が三社に参拝し、現在は退院して元気でいます」（静岡県・Mさん）

「先日開運カウンセリングした女性は不倫をしていて、縁を切る方法はないかとのことでした。私が産土神社と鎮守神社参拝を勧めたところ、早速鎮守神社に参拝し、とても気持ちが落ち着いたとのことでした。そこで、二一日間祈願法を勧めました。三日目に猛烈に別れたい気持ちが強くなり、電話で別れたいと伝えたのですが、相手は納得しなかったそうです。

そこで、『自分も相手も幸せになるよう、お導きください』と祈るようにしたところ、相手の男性から数日後に電話があり、険悪なやりとりもなく、円満に別れられたのです。今では、家族で仲良く参拝しているとの連絡をいただき、私も相談者の喜ぶ姿をこれから

も見ていきたいので、ますますがんばろうと思います」（島根県・Fさん）

産土の神仏は死後の安心を与える幽顕調和《ゆうけんちょうわ》のご存在

そもそも私が産土信仰に関心をもったのは、長年スピリチュアリズムや霊界研究をしている過程で、産土の神仏が「生と死」をつかさどり、死後も人間を助けてくださるご存在だとわかったからです。誕生に関わる神仏は同時に、死後も面倒をみてくださるご存在であり、人間は死後の安心があってこそ、生きている上での安心につながります。

親族が亡くなった時は、自分自身の守護のご存在と、亡くなった人の産土の大神さまをはじめとした守護の神仏のご開運を祈った後に、故人が高き霊界へ行けるように祈るとよいでしょう。

そうすると、守護のご存在たち（おかげ様）の連携の中で、故人を高い霊界へと導いてくださるからです。「産土」とは幽顕《ゆうけん》調和の偉大なご存在たちなのです。幽顕とはあの世（幽界）とこの世（顕界）のことです。

死後にどのレベルの霊層に行けるかは、その人の死相をみるとだいたいわかります。穏やかで眠るような顔、明るい色つやだと上位の霊界に行くことができます。逆に、無念の形相やどす黒い顔色は低い霊界へと移行していくケースです。

また、家族のうち誰かが産土の神仏に心を向けていると、亡くなった本人が産土信仰をしていなくても、良い死相になっている点も見逃せません。

「かねてより病気療養中の父が、七五年の生涯に幕を閉じ永眠いたしました。おかげさまで良い施設や病院にご縁ができ、今年に入り、一時は危篤状態になったものの、その後奇跡的な回復もあり、ここまで命をつないでまいりました。結果的にはこの危篤騒動があったために、親族全員が生存中に父に顔を合わせることができました。息を引き取る間際まで苦しむこともなく、母に看取られ、まさに安らかな大往生でした。

その顔は、本当に亡くなっていることが信じられないほど色つやもよく、駆けつけた叔父も『今までたくさん死に顔を見てきたけど、あんなにすべてをやり遂げたという顔はなかった』と言ってくれました」（福岡県・Nさん）

「一一月上旬に父が亡くなりました。風邪をひいて体が動かなくなったので、救急車で病院に行き、入院をすることになりました。翌日、母が行った時は元気だったのですが、帰ったあと少しずつ弱っていき、その翌日の夜中に眠るように亡くなりました。危篤の知らせを聞いて駆けつけたのですが、私が着いたのは亡くなった直後でした。とても血色が良く、安らかで、本当に眠っているようでした。
葬儀の日まで四日も空いたのですが、ずっとそのままで、葬儀社に勤める弟が、あまりにも美しく死に化粧する必要がないくらいだと言い、『どんな死に方をしたの？』とずっと不思議がっていました。
先生から、家族の誰かが産土信仰をしていると死相が良いとか、良いレベルに行けると聞いていましたが、本当にそれを実感しました」（埼玉県・Ｍさん）
私が知っている限り、産土信仰をしている人で、今まで親族が亡くなった人たちのケースはすべてきれいな死相でした。興味深いことに、お通夜よりもさらに告別式の方が良い死相になっていることもあります。

死後は産土のご存在に導かれるのがベスト

私がお通夜や告別式に参列して、霊視しますと、だいたい棺の上、三〜五メートル上空に故人がおり、故人の周りに光り輝く神仏がいっぱいおられます。私の主宰する「まほろば研究会」の会員には、霊視できる人が何人かいますが、やはり同じことを話します。

私が産土信仰に関心をもったのは、臨死体験の際に現れ、本人を導く「光の存在」に着眼し、それが古来の産土さまであることがわかったからです。また、オーラの視覚法を教えるセミナーの際に、本人の背後に視える光の存在から、「おかげ様」という言葉の意味を実感したのです。

死んだ人は四九日まではこの世（現世）にとどまり、この世でやり残したことの整理やお別れをします。五〇日から一〇〇日までは中有界《ちゅうゆうかい》にとどまります。この中有界は現世と霊界の中間に属する世界で、霊界へのウォーミングアップをする所です。

一〇〇日目にそれぞれの心のレベルに相応した霊界へと移行します。私は死後の世界に関する講座では、次のように言っています。

「神・仏・先祖三位一体の産土信仰をしていたら、浄土に行けますから、安心してください。死後にも『とってもありがたいわが産土の大神さま、わが産土の守護仏さま』と言えるように（笑）、お祈りを口グセにしてください。死後の心配はいりませんから、この世で開運し、豊かな人生を味わい、地球や社会の役に立つ人間になっていきましょう」

ちなみに、地方によっては家族が死んだら、一年は神社に行かないという話がありますが、それは幽顕の産土信仰を忘れた俗説です。まず、菩提寺のご本尊さま・仏尊・仏尊の神々さまに故人の冥福を祈ります。自宅での産土さまへのお祈りも行なうとよいでしょう。

死後五〇日は神社に参拝するのは慎む方がよいのですが、五〇日後は故人と自分の産土神社に参拝して、産土の大神さまのご開運を祈り、故人が高い霊界へ行けるようにお導きをお願いするとよいでしょう。

第2章
日常生活でできる「神・仏・先祖」の守護力アップ術

祈りは〈意乗《いの》り〉であり、念力とは違う

神社で拝んでいる人を見ますと、たまに神仏に念力をかけるような祈願をしている人がいます。祈りと念力は違います。二つを区別してください。祈りは守護のご存在と共鳴・同調させることが目的なので、回数や時間ではなく、心を通じさせるという気持ちで祈りましょう。量より質が大事です。

◎思い　日常生活で考えたり、感情の中でイメージしているものです。

◎祈り　〈意乗り〉で、神仏へ自分の意思をはっきりと伝えることです。他力（守護のご存在）との共鳴・同調が大切です。

◎念力　目標に向かって、自力の意念を集中することです。それが集まったものを思念魄《しねんぱく》といいます。

「おかげ様」の守護の度合いを増やすコツは、まず「おかげ様（守護のご存在）」と仲良くすることです。仲良くするために、「守護のご存在」のご開運を祈り、感謝します。

次に、守護のご存在に対しては、「私は〇〇いたしますので、後押しよろしくお願い申

し上げます」と神仏へ自分の意志をはっきりと伝えます。「私は○○のために△△します」という自分の目標と行動計画を具体的に伝え、笑顔で語りかけることです。日常生活でも、コミュニケーションの方法としての言葉を大切にしましょう。

神仏は守護と後押しの二つの働きをします。日常的に外からのトラブルから守ってくださることを「守護」といいます。愛知県のSさんの次の体験談が「守護」になります。

「友人二人と沖縄にスキューバダイビングに行った時、急に海が荒れて3人ともおぼれそうになりました。とっさに海の中で守護の神仏に『助けてください！』と必死で祈り、なんとか全員助かりました。行方不明になった方もいるほど海は大荒れだったと後で聞き、守護の神仏に大変感謝をしております」

これに対して、自分が何か行なっている時には、自分を助けてくれる人との縁を強くしたり、グッド・タイミングなどの形で「後押し」を行なってくださいます。大阪府のSさんの次のケースが後押しです。

「私はパートを含め、約一○○人の従業員がいる通信関係の会社社長をしています。開運カウンセラー養成クラスをはじめ、開運法や金運アップ術を学んでから二年になります。おかげ様で、二年で売上げが倍増し、利益率は一○倍になりました。幹部社員の給料も倍以上にしてあげることができ、全体的に給料をアップしてあげることができ、順調です。私自身は精神的に、〝明るく軽やか〟に近づいた気がします。

また、社員それぞれの月盤《げつばん》の吉方位に営業（出張）に行ってもらっています」

社会的存在としての人間を「後押し」する場合、人間が「私は○○を実行します。後押しよろしくお願い申し上げます」と祈るのがコツです。そうすると、自力に相応した後押しが得られます。後押しを引き出すのは、人間のやる気と行動です。努力なしに「棚からボタモチ」を期待すると、失望することになります。人間が先頭に立って、神仏が〈追い風〉のように後ろを押してくださるのです。

なお、「吉方位」とは九星気学の用語で、年や月によって決まる方位現象の中で吉運（福運）をもたらす方角のことです。要はその時にはその方角に向かって進んだり旅行すると、幸運がもたらされるということです（185ページで詳述）。神社・仏閣開運法と吉方位旅行を組み合わせると相乗効果になります。私は開運カウンセラークラスでその方法を指導しています。

「おかげ様」から大いなる後押しを受けるコツは、本人の目標実現の決意と行動です。多くの人が「願いが叶うといいな」とは思っていても、「必ず実現する」と決意してはいません。決意している目標は誰から言われなくても、具体的に実現に向けて考えるものです。目標は期限と数量（お金など）を具体的にします。さらに、目標は紙に書いた方が実現しやすくなります。神社・仏閣開運法では、自分の目標を書いた紙を神社・仏閣に持参し、神仏に直接それをお見せするとよいのです。

私はどうしても実現したい目標がある場合は、拝殿では普通にお祈りをして、横に回り、奥の本殿に向かって、持参した「目標シート」を神仏にお見せして、具体的に詳しく目標実現のための計画や方法を述べ、大いなる後押しをお願いしています（神社の基本的な参拝のしかたについては、55ページをご覧ください）。

決意するとは、「自分自身に対して誓う（約束する）こと」です。神仏は人間の本気さから発する行動に応じて、本人の思念エネルギーを利用して、それに恩頼《みたまのふゆ》（ご神徳）・ご仏徳《ぶっとく》を加えて、本人の願望を実現するように動いてくださいます。行動を起こして初めて、「神・仏・先祖」が後押ししてくださるのです。開運するには、開運するように意識的に生きることです。無意識的に惰性《だせい》で生きていると、なかなか幸せにはなれません。

決意の回数が多い人が、多くの願望を達成しています。私もこの「決意の法則」を実感し、目標を立てたら、「〇〇を必ず実現してみせる」と決意するようにしました。すると、強く決意したものは確実に実現してきました。それからは、決意の回数を増やしました。現在までに一〇〇〇以上の決意をして、その八〇％は実現しています。

守護のご存在のご開運を祈ると、守護力がアップする

神仏に大きく守護していただくためのコツは、自分の守護の神仏を大好きになり、感謝し、その「ご開運」を祈ることです。そうすると、「神・仏・先祖」三位一体のご存在たちが元気になり、守護と後押しがパワーアップします。自分の開運を祈る前に、自分を守ってくださるご存在のご開運を祈ることで、祈りの効果が格段に上がります。

「ご開運を祈る」ことは、神仏のご開運を祈っているだけではなく、実は自分自身の開運を祈っていることでもあります。潜在意識には自分と相手の区別はないので、相手のご開運を祈ることは自分の開運を祈ることであり、相手の悪口を言うのは自分に言っているようなものなのです。

神仏にも一霊四魂《いちれいしこん》（直霊《なおひ》、荒魂《あらみたま》、和魂《にぎみたま》、幸魂《さきみたま》、奇魂《くしみたま》のこと。80ページで詳しく説明します）があります。神仏は自分の四魂を分けて、新たな神仏を生み出します。

たとえば、御祖《みおや》の大神《おおかみ》さまの四魂の分身が、産土の守護仏さまになります。お一方《ひとかた》の御祖の大神さまから、数億柱（神さまやご先祖さまを数える単位は「柱」です）の神仏が分身として生まれています。皆さんの守護の神仏の〈一霊四魂〉に連なるご存在たちも膨大な数にのぼります。したがって、一霊四魂と称《とな》えることで、多くの神仏のご開運を祈ることになるわけです。

なお、「称える」には「たたえる」という意味もあるので、本書では「となえる」という場合、「称《とな》える」の漢字を使っています。神言をとなえながら、神仏の偉大なパワーを讃《たた》えるわけです。

人間には本人の内なる神仏である一霊四魂を主座《しゅざ》として、守護の神仏がマンダラ状にいらっしゃいます。いわば、〈一霊四魂マンダラ〉になっています。したがって、一霊四魂がパワーアップすれば、より守護のご存在の守護力がアップするわけです。同時に、あなたの周囲の人たちは、自分の一霊四魂に縁のある人たちです。自分の一霊四魂が輝くと、周囲も明るくなります。

「自分が神仏や先祖だったら、どのように祈ってもらうと、守護するのにやる気が出るだろうか」と考えると、お付き合いのしかたがわかってくるはずです。また、自分の背後の

「神・仏・先祖」の守護のご存在たちを念頭に入れて、「おかげ様で」と言うと効果的です。

「神・仏・先祖」が喜び、元気になる祈り詞《ことば》

日常生活では、次の「人生開運の祈り詞」を称えるとよいでしょう。時間がある時は「人生開運の祈り詞」に続いて、「神・仏・先祖が喜び、元気になる祈り詞《ことば》」と「先天《せんてん》の三種《みくさ》の大祓《おおはらへ》」を称えます。

〔人生開運の祈り詞〕

おかげ様で、ありがとうございます。私はわが一霊四魂《いちれいしこん》を尊び、わが人生を大切にします。宇宙の大いなる意志、大調和に基づく天命《てんめい》もちて、とってもありがたいわが人生のいやますます（弥益々）のご開運をお祈り申し上げます
とってもありがたいわが守護のご存在の一霊四魂の、いやますますのご開運をお祈り申し上げます

〔神・仏・先祖が喜び、元気になる祈り詞《ことば》〕

①二拝二拍手一拝をした後、合掌《がっしょう》します。ニッコリと笑ってから、次の言葉を称えましょう。

おかげ様で、ありがとうございます。宇宙の大いなる意志、大調和に基づく天命もちて、とってもありがたいわが御祖《みおや》の大神《おおかみ》さま、わが一霊四魂《いちれいしこん》、わが直霊《なおひ》の大神さま、わが産土《うぶすな》の大神さま、わが産土の守護仏《しゅごぶつ》さま、わが鎮守《ちんじゅ》の大神さまをはじめ、とってもありがたいわが守護のご存在の一霊四魂の、いやますますのご開運をお祈り申し上げます

とってもありがたいわが家《や》に連《つら》なるご本尊《ほんぞん》さまをはじめ、とってもありがたいわれに縁《えにし》あるすべての仏尊《ぶっそん》、仏尊の神々さまの一霊四魂のいやますますのご開運をお祈り申し上げます

とってもありがたいわが守護霊さま、わが指導霊さま、とってもありがたいわれに縁あるすべてのご先祖さまの一霊四魂の、いやますますのご開運をお祈り申し上げます

とってもありがたい先天《せんてん》の三種《みくさ》の大祓《おおはらへ》を称《とな》え奉《まつ》る
トホカミヱミタメ　甲《きのえ》乙《きのと》丙《ひのえ》丁《ひのと》戊《つちのえ》己《つちのと》庚《かのえ》辛《かのと》壬《みずのえ》癸《みずのと》　祓《はら》ひ給《たま》ひ　清目《きよめ》出給《でたま》ふ
トホカミヱミタメ　子《ね》丑《うし》寅《とら》卯《う》辰《たつ》巳《み》午《うま》未《ひつじ》申《さる》酉《とり》戌《いぬ》亥《い》　祓ひ給ひ　清め出給ふ
トホカミヱミタメ　乾《けん》兌《だ》離《り》震《しん》巽《そん》坎《かん》艮《ごん》坤《こん》　祓ひ給ひ　清め出給ふ（何回称えてもよい）

②再度二拝二拍手一拝をして、終わります。

先天の三種の大祓はあらゆる神言・真言・ダラニの中の「ベストの秘言」です。神言とは特に神さまと感応する言霊であり、真言とは仏尊を賛美し、加護をいただく咒文《じゅもん》です。陀羅尼《だらに》とは真言よりも長い咒文です（神仏に関する呪文の場合、咒文という字を使います）。
また、二拝二拍手一拝については神社の基本的な参拝方法を解説したコラム（55ページ）をご覧ください。

とにかく、**先天の三種の大祓は開運、金運アップ、願望実現、神仏のパワーアップ、宿命・運命の清めと改善、前世・先祖のカルマの昇華、自己治癒力アップなどすべてに有効**

です（詳しくは後述）。

「宇宙の大いなる意志、大調和に基づく天命もちて」を最初に称えると、神仏や先祖、一霊四魂へ祈りが格段に通じやすくなります。「宇宙の大いなる意志」とは大調和の御心《みこころ》です。「～天命もちて」という言葉は、シュメールの「天命の印、天命の書板」神話や中国の〈天命論〉と、禊祓詞《みそぎはらへのことば》（代表的な祝詞《のりと》の一つ）の「カムロギ、カムロミの命以て《みこともち》て」の「命もちて（神々のご命令によって）」というフレーズからヒントを得ました。

「神仏も人間もそれぞれの天命を果たして、すべての対立構造を大調和にもっていきましょう」という願いが込められています。

神仏と人間は親子の関係です。そこで、神仏よりもさらに上位概念としての「宇宙の大いなる意志」という言葉を私が考え出したのです。特別セッション（後述）において、「宇宙の大いなる意志」が実際に存在することがわかりました。

「弥益々《いやますます》」のイヤとは〈本来の生命力をイキイキと発現させる〉という意味です。「癒す」も同じ語源です。ある意味では開運とは「本来もっている力をイキイキと発現させる」ことでもあります。似た言葉に弥栄《いやさか》がありますが、弥栄とは、本来の力を発揮して、栄えるという意味です。

一霊四魂を主座として、守護のご存在がマンダラ状に守護している

密教には、仏尊のすべての働きをあらわす曼荼羅《マンダラ》があります。金剛《こんごう》界と胎蔵《たいぞう》界の二つのマンダラがあり、陰陽の関係になっています。実は人間を守る守護のご存在たちもマンダラ状になっています。一霊四魂を「主座」として、その周りに深い縁《えにし》ある守護のご存在がドーム状に守護しているのです。神界のご存在が主に縦方向で、仏界のご存在が横方向で周りを囲むようにドーナツ状に人間を守護しています。

御祖《みおや》の大神《おおかみ》　直接的に守護してくださるルーツの神仏のトップです。人間が魂次元でこの世に生まれる前から、守護してくださっています。直霊《なおひ》の大神さまの後見《こうけん》神です。宇宙と地球の中間におられるので、祈る時は天を仰ぎ、成層圏付近をイメージします（イラスト参照）。

直霊《なおひ》の大神　人間に直霊（内なる神性の中心的存在）を分け与えてくださった神さまです。自分自身の本体神（スーパー・ハイアーセルフ）であり、前世、前々世から来世にわたっ

て見守っています。頭上一〇～二〇メートル上空を意識して祈るようにします。

産土《うぶすな》の大神　直霊の大神（本体神）さまと表裏一体になっているのが産土の大神さまです。自分の産土神社か、ふるさとの風景をイメージします。人間は一人ひとり一霊四魂も性格も違います。したがって、産土の大神さまも違い、産土神社や鎮守神社も違ってきます。前世や先祖に連なる産土の大神さまを統括するのが総《そう》産土の大神さまです。

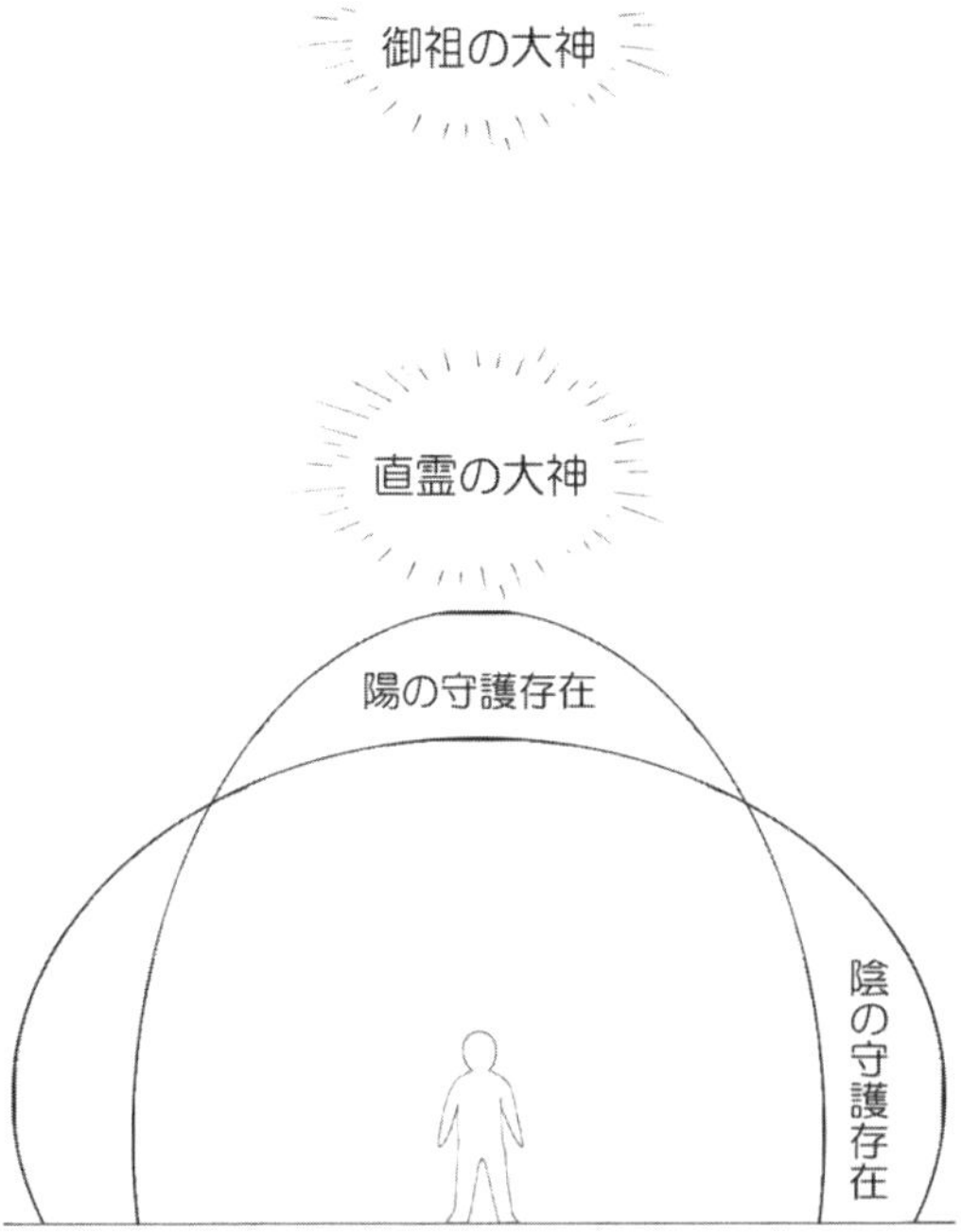

産土の守護仏《しゅごぶつ》　「御祖の大神さま」の四魂の中のお一方です。御祖の大神さまの一種の分身として、数万年前・数千年前から本人の魂次元から守護しておられる、とてもありがたいご存在

です。祈る時には自分の背後を意識します。自分の産土の守護仏は、父方・母方の宗旨《しゅうし》の仏尊と深い関係があります。

鎮守の大神　産土の大神さまとの神縁《しんえん》で、現在住んでいる地域での生活や仕事を守護してくださる大神です。自分の鎮守神社か、住んでいる地域の風景をイメージして祈るようにします。

守護霊　霊格の高い霊が人間のすぐ後ろで守護していますので、自分の背後を意識します。自分の「類魂《るいこん》」とされ、先祖と深い関係があります。人間を最も身近で守っているのが産土の守護仏さまと守護霊さまになります。

「類魂」とは、自分と同じ「大霊魂」から分霊《わけみたま》された存在です。「直霊の大神（神界）―大霊魂（霊界）―本人（顕界）」という形で多重次元になります。

指導霊　本人がプロとしての自覚をもった時、その道にたけた高級霊がつき、インスピレーションを与え、能力や才能面での後押しをします。仕事に関しては、特に指導霊さまのご開運をしっかり祈ることです。

高級守護先祖霊団　本人の認識（感謝、祈り、天命実現度）に応じて増えます。「神・仏・先祖」三位一体の祈り詞を称えることで、増えていきます。

家族の「神・仏・先祖」の守護を祈る時は、「わが」の部分を「わが息子○○さんの」と置き換えて祈るとよいでしょう。家族でも、必ず名前に「さん」をつけて、守護のご存在に敬意をあらわします。ただし、あくまでも自分自身のためのお祈りを優先します。それは自分の一霊四魂が光り輝けば、周囲も輝いてくるからです。

先祖は父方・母方合わせて「三〇代、一〇〇〇年、一〇億人以上」をイメージして祈る

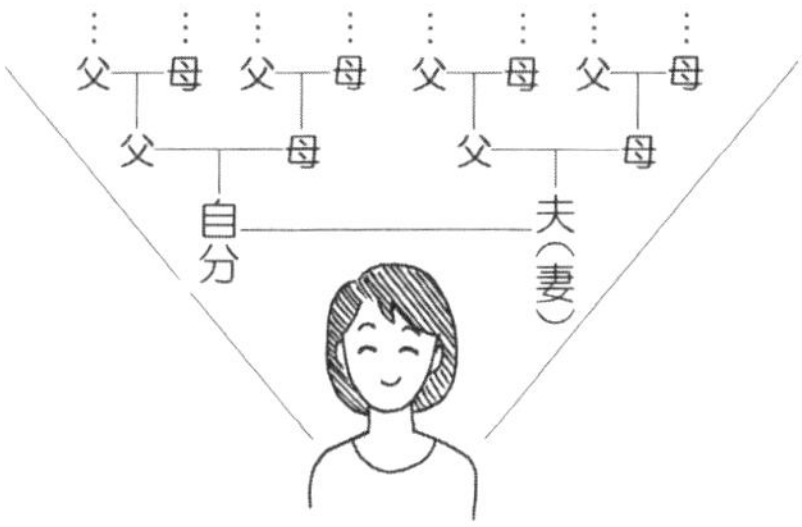

祈りの第一段階では、一霊四魂と前世に深く関わる「ルーツの神仏への祈り」をします。次に自分のご先祖さまたちが拝んでいた「陰（仏界）のご存在への祈り」をします。

自分のご先祖さまたちが信仰してきたご本尊さまたちを窓口にして、縁あるすべての仏尊、仏尊の配下の神々さま、ご存在のご開運を祈ります。

ご本尊・縁ある仏尊・仏尊の神々さまやご先祖さまに対する祈りは、最低でも三〇代前までの先祖をさかのぼるイメージで祈る

ことです。そして、ご先祖さまのご開運を祈ります。

先祖は父方・母方合わせて「三〇代、一〇〇〇年、一〇億人以上」をイメージします。一世代三〇年と計算すると三〇×三〇＝九〇〇となりますので、約一〇〇〇年前の平安時代からの先祖をイメージします。この「三〇代」のご先祖さまが私たちに直接影響を与えているからです。

「三〇代、一〇〇〇年、一〇億人以上」のご先祖さまのご開運を祈ることは、高級守護先祖霊団を増やすことでもあり、先祖の余徳をたくさんいただき、先祖のカルマ（業《ごう》）をあまり受けなくなるための秘訣でもあります。これらが相まって、人生の全体運がジワジワとアップしていきます。

産土神社・鎮守神社・一般の神社での神仏に通じる祈り詞《ことば》

◎産土神社・鎮守神社

二拝二拍手一拝して、次の言葉を称えます。

「おかげ様で、ありがとうございます。宇宙の大いなる意志、大調和に基づく天命もちて、とってもありがたいわが産土の大神さま（わが鎮守の大神さま）をはじめ、〇〇神社の大神さま・仏尊さまの一霊四魂《いちれいしこん》のいやますますのご開運をお祈り申し上げます

私は☆☆という目標に向かって、積極的に〇〇をいたします。大いなる後押し、どうぞよろしくお願い申し上げます」

それから一拝します。

肩の力を抜いて、背筋を伸ばします。目を開けて祈る対象をしっかりと観ます。観て、直霊《なおひ》から光を出します。合掌印《がっしょういん》（のちほどコラムでも触れますが、合掌を鏡印ともいいます）は右上のイラストのように指を広げず、胸元につけないようにします。中指の先を、照準を合わせるように祈る対象に向けます。胸の中央（ハート）から祈るようにします。外なる神仏と内なる神仏（一霊四魂）を調和させるイメージ（前ページ左上のイラスト）で、笑顔で祈ります。鎮守神社の場合は、「わが鎮守の大神さまをはじめ、〇〇神社の大神さま・仏尊さま」と言い換えます。

◎一般的な神社

産土神社でのお祈りに準じます。まず、二拝二拍手一拝します。

「おかげ様で、ありがとうございます。□□（自分の名前を入れる）**、本日、参拝させていただきました。私は〇年〇月〇日〇・年**（十二支）**生まれで、**（住所）**に住んでおります**

宇宙の大いなる意志、大調和に基づく天命もちて、とってもありがたい〇〇神社の大神さま・仏尊さまの一霊四魂のいやますますのご開運をお祈り申し上げます

私は△△という目標に向かって、積極的に〇〇をいたします。大いなる後押し、どうぞよろしくお願い申し上げます」

最後に一拝します。

一の宮の場合は、たとえば「とってもありがたい武蔵国一の宮の大神さまをはじめ、氷川神社の大神さま・仏尊さま」というように、「○○国一の宮の大神さまをはじめ……」を入れます。

神社でも仏尊さまの祈りを行なうのは、神社の中にも仏尊がおられる場合が多いからです。神仏は常に陰陽の関係で存在しておられるのです。

コラム

開運のための神社参拝作法

「鳥居・手水舎《てみずや》・神鈴」でお祓いを受ける

神社に参拝する時は、まず鳥居をくぐります。鳥居はバリアーとなっており、邪気《じゃき》（マイナスのエネルギー）が聖域に侵入するのを防ぐ結界《けっかい》（聖域の範囲）をつくっています。鳥居をくぐる時には軽くおじぎをします。鳥居は結界としてのオーラを放射しているので、この時に鳥居のオーラ（霊衣）でハライを受けます。

鳥居は中央ではなく、端をくぐります。参道の中央は「正中《せいちゅう》」と呼ばれ、神さまの正面に当たるので、そこを避けて歩くわけです。参道を歩く時も正中線を避けて、正面ではなく端を歩くようにしましょう。

参道の横に手水舎があります。時々、ひしゃくに直接口をつけている人を見かけますが、これはマナー違反ですので、やめてください。手水の作法は、次の通りです（インターネットで「手水の作法」で検索すると作法の写真を掲載したページもヒットします。試してみてください）。

①右手にもったひしゃくで水をくみ、まず左手を洗います。
②左手にひしゃくをもち替えて、右手を洗います。
③右手にひしゃくをもち替え、左手で水を受け、口をすすぎます。左手に水をためてから口に含みます。
④最後にひしゃくを縦にして、クルクル回します。こうして自然に水が柄《え》を伝わって流れるようにし、ひしゃくについた手垢《てあか》を洗い清めます。

拝殿の前では、ほんの少し正面から横にずれて立ちます。鳥居と同じように、神さまの正面に当たるので、正面を避けるわけです。

拝殿には鈴があります。鈴はガランガランと二回鳴らします。鈴の音霊《おとたま》で清めると

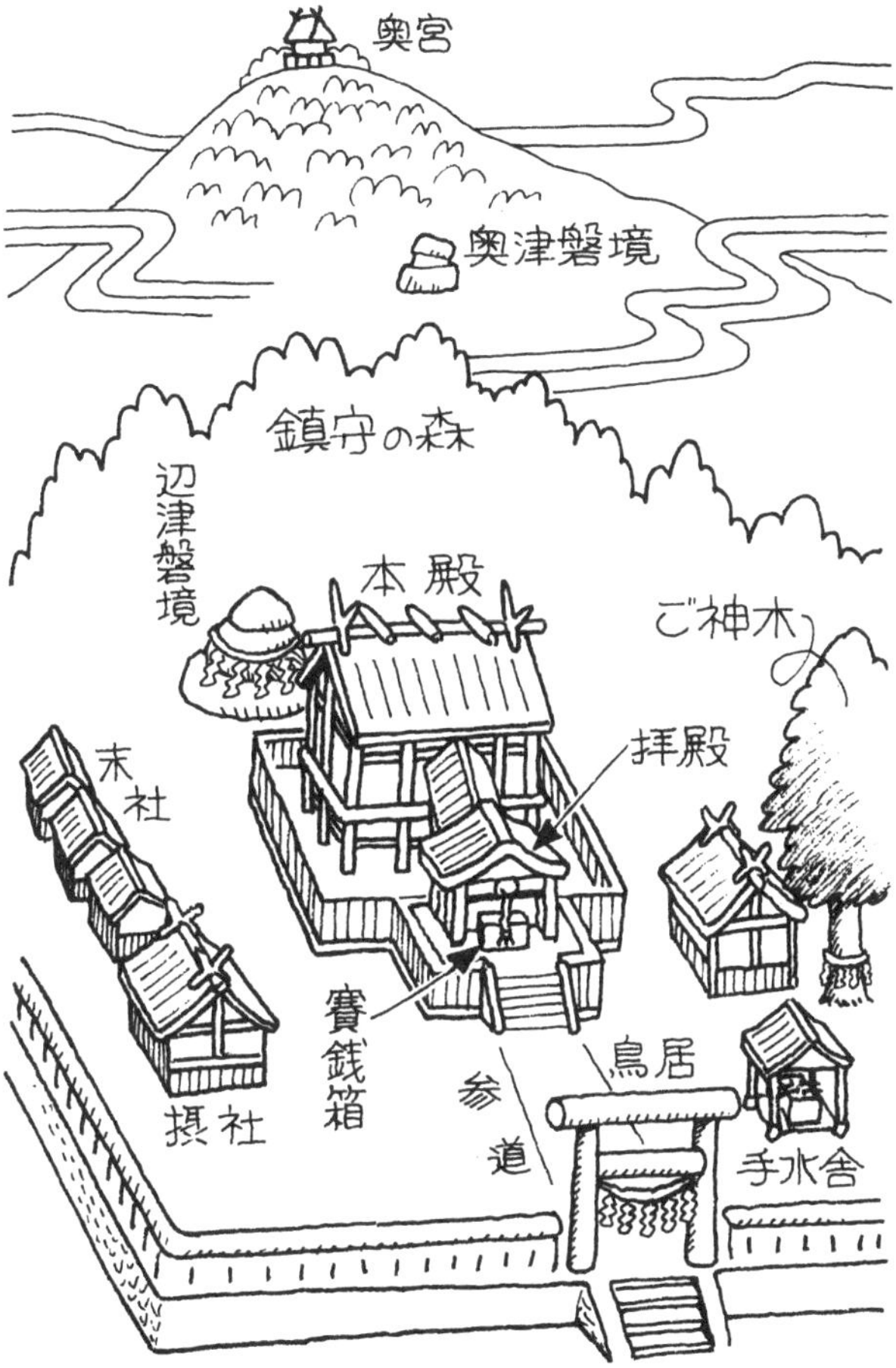

神社の配置図（『決定版・神社開運法』より）

同時に、神さまをお呼びする意味もあります。鈴のもつ高音にはお祓いの力があるのです。鈴は、自己のケガレを祓っていただくという気持ちで鳴らしましょう。

神とのコミュニケーションのための神社参拝の作法

神社や神道の流派によって、さまざまな参拝の作法があります。通常は「二拝・二拍手・祈願・一拝」です。明治時代に祭式作法が統一されて、現在の神社参拝法になりました。出雲神道では「二拝・四拍手」です。伊勢神道では「四拝・八拍手」です。江戸時代の秘伝巻物を見ると、吉田神道では節目《ふしめ》ごとに二拍手をしています。古神道では、秘伝を授けることを「拍手を授ける」といいます。

私は神社で祈願をする場合、短い場合は「二拝・二拍手・祈願・一拝」とし、長くなる場合は吉田神道的に最初に「二拝・二拍手・一拝」をし、それから神さまのご開運を祈り、自分の願い事を祈願してから、最後に再び「二拝・二拍手・一拝」をしています。

拝礼は腰から深く、上半身が地面と平行になるくらい体を折ります。背筋を伸ばして、腰から曲げるようにするときれいな拝礼になります。

拍手（柏手《かしわで》）は神さまへのごあいさつです。合掌は「鏡印《かがみいん》」と呼ばれる手印《しゅいん》で、拍手は陰陽の結合調和をあらわします。まず合掌し、合掌した手を前に出し、地面と水平になるようにします。それから右手を少しだけ手前に引いて、左右に両手を離して「パン」と叩きます。その際、左手の平はやや丸めると、よい音が出ます。打つ時は右の手をずらし、打ち終わったら元の合掌に戻します。

神社への参拝には、拝殿の前でお賽銭を入れて拝礼する「一般参拝」と、拝殿の中で神職からお祓いを受ける「正式参拝」があります。ふだんは一般参拝でよいでしょうが、人生の節目の時、厄年や空亡（天中殺）を乗り切るために参拝した時などには、正式参拝するとよいでしょう。

玉串《たまぐし》の上げ方は、右手で榊《さかき》の根の部分をもつようにして、神職から受け取ります。そして、神前に進み、軽くおじぎをします。次に、右回り（時計回り）に玉串を回しながら、根を左手にもち替え、右手は葉の方に添えます。そして、「根の方」を神前に向けて案（神前の机）の上に置きます。置いた後、二拝二拍手一拝して神前を退きます（インターネットで「玉串奉奠《ほうてん》」で検索すると画像つきの解説が出ています）。

自分の菩提寺の総本山とご本尊を知る

総本山参詣《さんけい》法は父方・母方の菩提寺の宗旨の総本山に参詣して、菩提寺のご本尊が総本山の仏尊たちからのバックアップを受けるようにする方法です。そうするとご先祖さまが喜ばれます。守護先祖霊団のパワーアップに効果的です。総本宮、総本山はここという時（厄年、空亡の前など）に参拝するとよいのです。そうすれば自分や家族の「産土の守護仏さま」も喜ばれます。

神仏は「働き」としてとらえることが大切です。特に仏尊《ぶっそん》の場合は人間がその仏尊の働きを学ぶと、働きをより発揮しやすくなります。自分の家を守る宗旨のご本尊さまがどんな働きや御力をおもちなのか、ご存知ですか。日本人はお寺や神社にはよく参拝しますが、その神仏が何を得意としているのかとなると知らない人が多いのです。

誰かに何かを頼む時、その人がどんな人かを知らずに頼む人はいないでしょう。開運するには、**宗旨の教えや神道思想を学ぶよりも、まず神仏そのもののお名前や働き（得意分野）を学ぶことが開運に直結します。**

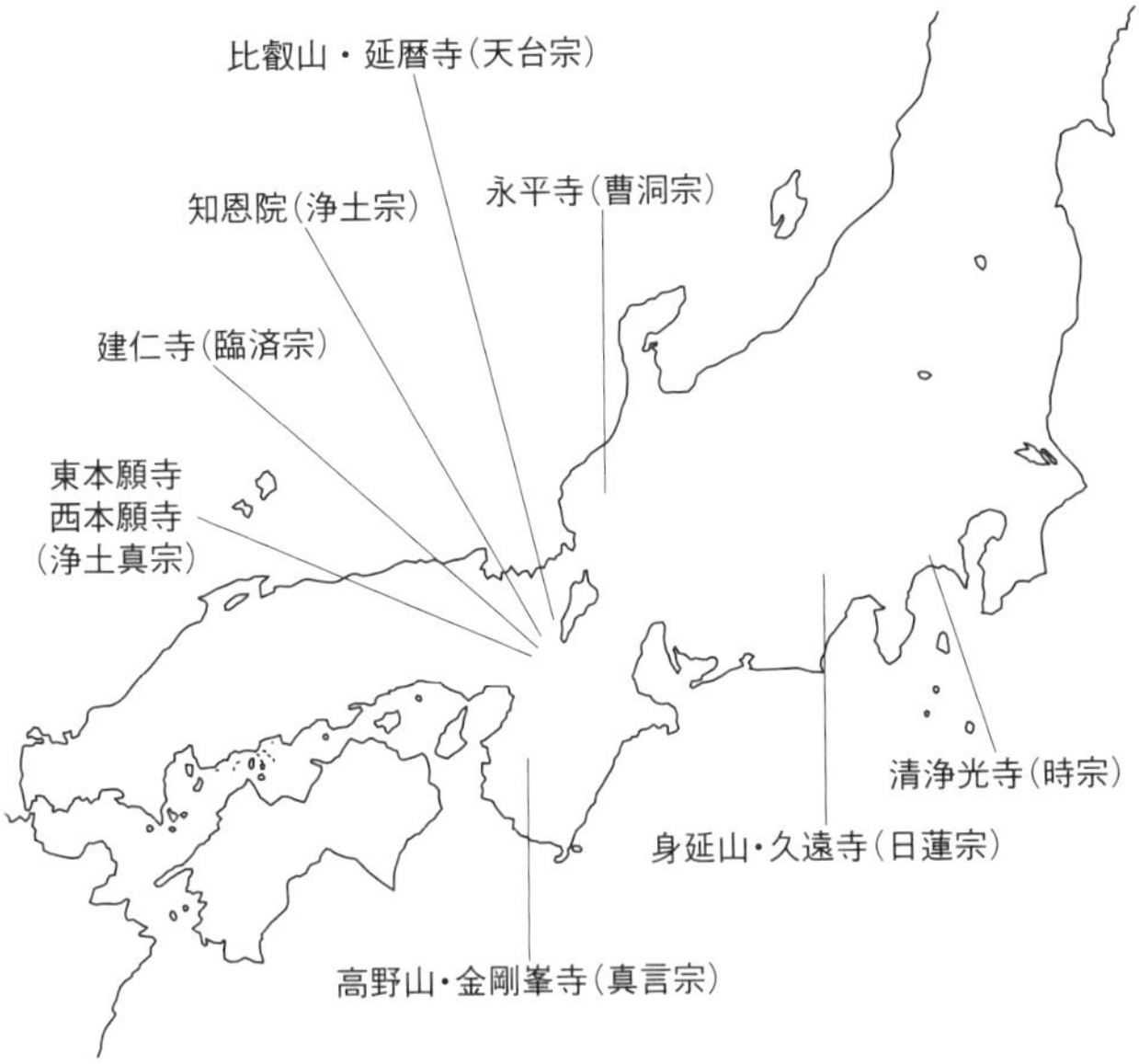

主な仏教宗旨の総本山

ご本尊さまはそれぞれの菩提寺で違いますから、お参りした際にどのようなご本尊さまをお祀りしているのかをたずねるとよいでしょう。

ここで、代表的な仏教宗派の総本山を掲載しておきます。総本山のほかに各地方に「大本山」もありますので、自分の宗旨の大本山にも機会があれば、参詣するとよいでしょう。

それぞれ、①開祖、②総本山、③主尊を挙げています。

真言宗　①空海（七七四～八三五）、②高野山《こうやさん》・金剛峯寺《こんごうぶじ》（和歌山県伊都《いと》郡高野町）、③大日如来。大日如来

は太陽の化身のようなご存在であり、日本仏界の最高仏尊とされます。サンスクリット語の「マハーヴァイローチャナ」に由来します。ちなみに、「ヴァイローチャナ」は日本では毘盧遮那《びるしゃな》如来（東大寺の大仏）になります。

天台宗　①最澄（七六七～八二二）、②比叡山・延暦寺（滋賀県大津市）、③永遠実成無《くおんじつじょうむ》作《さ》の本仏・釈迦牟尼仏《しゃかむにぶつ》。または阿弥陀如来、薬師如来、大日如来、観世音菩薩などもご本尊になっています。鎌倉仏教の祖師である法然、親鸞、栄西《ようさい》、道元、日蓮は、延暦寺で修行した後にそれぞれの宗旨を開きました。その意味では、比叡山延暦寺は鎌倉仏教の母山《ぼざん》です。

浄土宗　①法然（一一三三～一二一二）、②知恩院（京都市東山区）、③阿弥陀如来《あみだにょらい》。阿弥陀三尊は阿弥陀如来、観世音菩薩、勢至《せいし》菩薩になります。二十五菩薩を従えています。

浄土真宗　①親鸞（一一七三～一二六二）、②本願寺派・西本願寺、大谷派・東本願寺（ともに京都市下京区）、③阿弥陀如来。阿弥陀如来は、西方極楽浄土にいまして、人間のあらゆる苦悩を救い、極楽往生へと導いてくださるありがたいご存在だとされています。また、大地を浄化する御力《みちから》（浄土にする）もあります。

臨済宗　①栄西（一一四一～一二一五）、②建仁《けんにん》寺（京都市東山区）、③釈迦如来、文殊菩

薩、観世音菩薩、地蔵菩薩など、各寺でさまざまです。

曹洞宗　①道元（一二〇〇～一二五三）、②永平寺（福井県吉田郡永平寺町）、③永遠《くおん》の釈《しゃ》迦牟尼仏《かむにぶつ》。観世音菩薩。永平寺は白山《はくさん》と縁が深く、白山開山の泰澄《たいちょう》に、十一面観世音菩薩が示現したとされます。

時宗　①一遍（一二三九～一二八九）、②清浄光寺《しょうじょうこうじ》（遊行寺、神奈川県藤沢市西富）、③阿弥陀如来。時宗は踊り念仏で有名です。

日蓮宗　①日蓮（一二二二～一二八二）、②身延山《みのぶさん》・久遠寺《くおんじ》（山梨県南巨摩《こま》郡身延町）。③永遠実成《くおんじつじょう》の教主釈尊。大曼荼羅に多くの如来、菩薩、四天王をはじめ、天照大神、八幡大菩薩なども描かれています。永遠の過去において悟りを得て、人々を教化・導いているのが釈迦如来で、菩提樹で悟った釈迦は仮の姿とされます。

さて、仏法を説く覚者を「釈尊《しゃくそん》」といい、人々を苦しみから解放してくださる存在を「釈迦牟尼仏（釈迦如来）」といいます。衆生を救う釈迦如来は、肉体をもってこの世に生まれた人間ゴータマ・シッダルタ（すなわち釈尊）とイコールではありません。

常識的に考えて、人間だったお釈迦さまが死後、すべての人間を救済するというのは無理があります。そこで私が神さまにうかがったところ、「仏教徒がお釈迦さまに願い事を頼むので、釈迦如来という働きを〈代行〉してくだっている偉大な陰のご存在がおられる」ということでした。そのご存在はサンスクリット語で「シャーキャ」と呼ばれています。神仏とはありがたいものですね。ちなみに、仏教では、悟りを開き、生きとし生けるものの王となった釈迦を「仏陀《ぶっだ》」と呼びます。

菩提寺・一般のお寺での仏尊に通じる祈り方

◎菩提寺

まず、一礼して次の言葉を称えます。

「おかげ様で、ありがとうございます。宇宙の大いなる意志、大調和に基づく天命もちて、とってもありがたいわが家のご本尊《ほんぞん》さまをはじめ、○○寺の仏尊さま、仏尊の神々さまの一霊四魂のいやますますのご開運をお祈り申し上げます。いつもわが家とご先祖さまを見守り、お導きいただき、誠にありがとうございます私は☆☆という目標に向かって、積極的に○○をいたします。大いなる後押し、

どうぞよろしくお願い申し上げます」

それから一礼します。

◎一般的なお寺

まず、一礼して次の言葉を称えます。

「おかげ様で、ありがとうございます。□□（自分の名前）、**本日、お参りさせていただきました。私は○年○月○日・○年**（十二支）**生まれで、**（住所）**に住んでおります**

宇宙の大いなる意志、大調和に基づく天命もちて、とってもありがたい○○寺の仏尊さま、仏尊の神々さまの一霊四魂のいやますますのご開運をお祈り申し上げます

私は☆☆という目標に向かって、積極的に○○をいたします。大いなる後押し、どうぞよろしくお願い申し上げます」

それから一礼します。

総本山の場合、「とってもありがたい○○寺」の部分を「とってもありがたいわが家の宗旨である△△宗の総本山である○○寺」と言い換えます。

「十干《じっかん》・十二支《じゅうにし》・八卦《はっか》」は空間・時間・大自然の気質をあらわす

ここで、最高の神言である「先天《せんてん》の三種《みくさ》の大祓《おおはらへ》」について、詳しく述べることにしましょう。

トホカミヱミタメ　甲《きのえ》乙《きのと》丙《ひのえ》丁《ひのと》戊《つちのえ》己《つちのと》庚《かのえ》辛《かのと》壬《みずのえ》癸《みずのと》　祓《はら》ひ給《たま》ひ　清《きよ》目《め》出《で》給《たま》ふ

トホカミヱミタメ　子《ね》丑《うし》寅《とら》卯《う》辰《たつ》巳《み》午《うま》未《ひつじ》申《さる》酉《とり》戌《いぬ》亥《い》　祓ひ給ひ　清め出給ふ

トホカミヱミタメ　乾《けん》兌《だ》離《り》震《しん》巽《そん》坎《かん》艮《ごん》坤《こん》　祓ひ給ひ　清め出給ふ

私たちの宿命・運命は「時間・空間」の中にあります。江戸時代と現在では時代環境が大きく異なります。また、どこで、誰の子どもとして生まれたかによっても、大きく宿命・運命が違ってきます。日本で生まれるのと、アラブやアフリカで生まれるのでは、人生が大きく変わります。

さて、十干《じっかん》は「甲《きのえ》は木《き》の兄《え》（陽）、乙《きのと》は木の弟《と》（陰）、丙《ひのえ》は火の兄（陽）、丁《ひのと》は火の弟（陰）……」という形で、陰陽五行《いんようごぎょう》説になっています。陰陽五行説とは、陰陽思想と五行思想が組み合わされたもので、陰陽思想とは前述のとおりすべての事象は「陰」「陽」で成り立っているという考え方です。五行思想とは万物は「木火土金水《もくかどごんすい》」という五つの要素により成り立つとする考え方です。

十二支は「あなたは子年生まれ」などのように時間をあらわします。本命星《ほんめいせい》・月命星《げつめいせい》は九星気学での本人の気質（一白水星《いっぱくすいせい》、二黒土星《じこくどせい》など）であり、九星の先天が八卦《はっか》（乾・兌・離・震・巽・坎・艮・坤）になります。

まとめますと、十干は「空間」、十二支は「時間」、八卦は「大自然の構成要素」をあらわします。人間も大自然の一部ですから、それぞれの人間が大自然の気を受けて自分の「気質」にしています。つまり、私たちの宿命・運命は十干・十二支・八卦の中にあるのです。

宿命・運命を言語化した
- 十干（甲乙…）　空間
- 十二支（子丑…）　時間
- 八卦（乾兌…）　気質

四柱推命は仏界と星の存在、星宿《せいしゅく》の神々に深い関係があります。西洋でも昔から占星術が発達し、星との関わりで人間の運命をみてきました。十二支は仏尊と仏尊の配下の神々に感応します。

至極の秘言「先天《せんてん》の三種《みくさ》の大祓《おほはらへ》」で、宿命・運命を清め改善する

先天の三種の大祓は、私が前世・先祖のカルマの昇華法を開発していく過程で、吉田神道の「三種《みくさ》の大祓《おほはらへ》」を改良したものです。

〔吉田神道の三種の大祓〕

トホカミヱミタメ　祓ひ給《たま》ひ　清目《きよめ》出《で》給《たま》ふ

トホカミヱミタメ　寒言神尊利根陀見《かんごんしんそんりこんだけん》　祓ひ給ひ　清目出給ふ

トホカミヱミタメ　子丑寅卯辰巳午未申酉戌亥《ねうしとらうたつみうまひつじさるとりいぬい》　祓ひ給ひ　清目出給ふ

三種の大祓が十干を入れていないのに対して、先天の三種の大祓は十干を加え、「十干《じっかん》・十二支・八卦《はっか》」の構成になっています。

吉田神道は「神道・仏教・道教」を融合した総合神道です。吉田神道の中に、**「秘々中深《ひひちゅうじん》秘《び》」**として限られた人にのみ伝授されてきたのが三種《みくさ》の大祓《おほはらへ》です。これは三種の神器《じんぎ》の祝詞ともいい、「三種の神宝《かむだから》」の意味もあります。「三種の神宝（神器）」とはトホ（宝剣）・カミ（八咫鏡《やたのかがみ》）・ヱミタメ（神璽《じんじ》）であり、心を磨く神言でもあります。

トホカミヱミタメは、一〇以上の重層的な意味をもつ古神道の秘言です。まず、「遠津御祖《とおつみおやの》神《かみ》　笑《え》み給《たま》へ」の意味であり、宇宙存在である「遠津御祖大神《とおつみおやのおおかみ》・遠津御祖神・御祖《みおや》の大神」の総称です。遠津御祖大神さまは人間には直接関わらず、イメージとしては銀河系・太陽系全体を統括する働きをされている感じです。

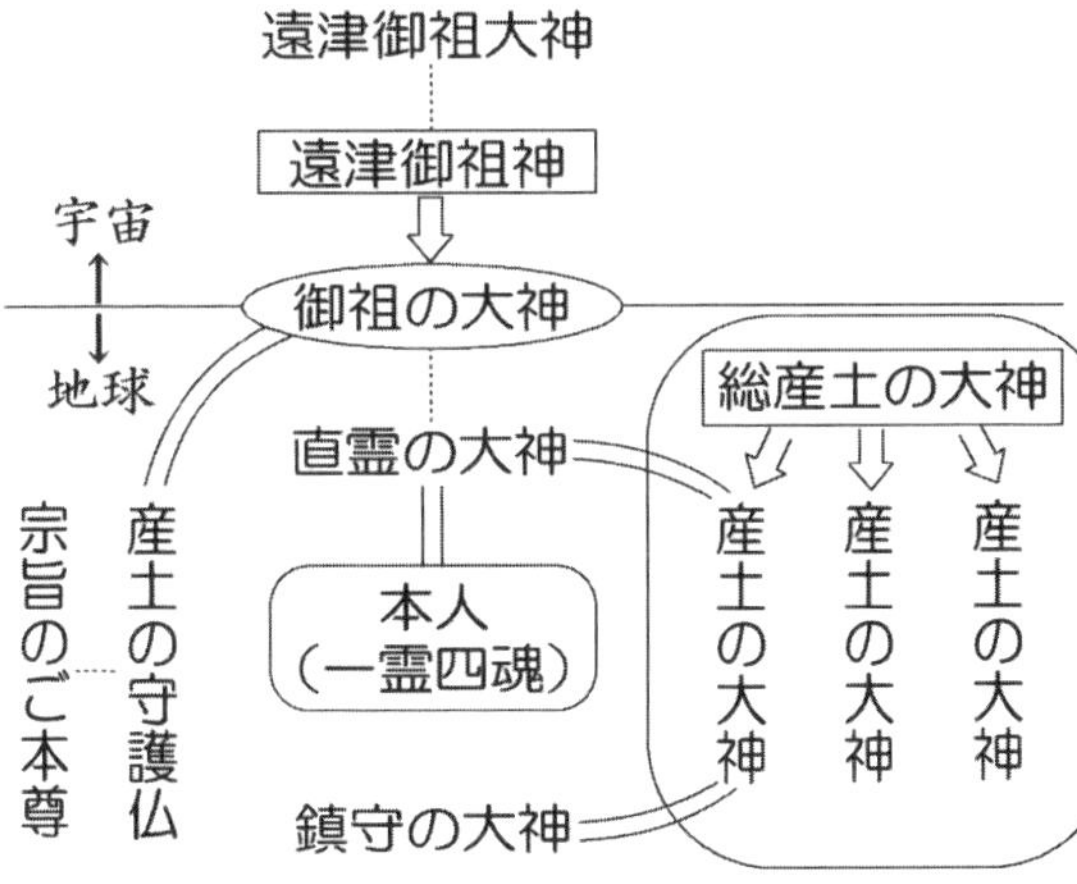

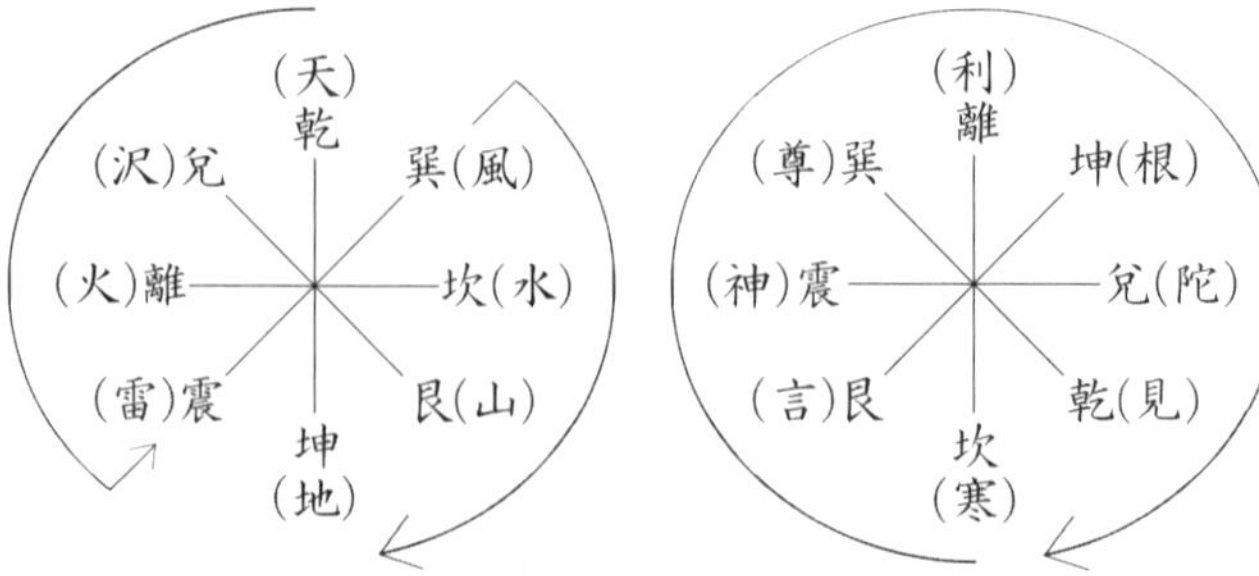

遠津御祖神さまは、遠津御祖大神さまの四魂のお一方〈分身〉であり、地球の神仏を見守っておられるご存在で、〈御祖の大神さまの元神〉になります。元神とは源流の神です。御祖の大神さまは遠津御祖神さまの四魂のお一方〈分身〉であり、私たちを直接守護してくださる守護のご存在のトップになります。

先天の三種《みくさ》の大祓は、守護のご存在と自分の一霊四魂をつなぐ神言《しんごん》であると同時に、宇宙と地球存在である自分をつなぐ神言でもあります。

また、トホカミヱミタメ八神は、「宮中ご八神の大神さま」をあらわすともいわれています。宮中ご八神の大神さまとは宮中に祭られている偉大な八柱の神々で、日本民族の守護神であると同時に、私たち人類の守護神でもあります。

トホカミヱミタメは神々が天地開闢《かいびゃく》の際に、物質世界を創世させた旋回《せんかい》エネルギーもあらわします。神々がトホカミヱミタメで玄気《げんき》世界に力を与えて、物質世界を生み出したとされるのです（玄気とは、万物を創造する「場」の世界に充満する気です）。したがって、人間が玄気世界の願望実現領域にアクセスする神言なので、願望が実現するのに最適な神言でもあります。

十二支は時間をあらわしており、日輪《にちりん》（太陽）の運行に沿って説明されています。**十二支の大祓は〈至極の奥秘〉とされます。**

九星の後天定位の「寒言神尊利根陀見《かんごんしんそんりこんだけん》」は「坎《かん》（水）・艮《ごん》（山）・震《しん》（雷）・巽《そん》（風）・離《り》（火）・坤《こん》（地）・兌《だ》（沢）・乾《けん》（天）」の当て字であり、前ページ右イラストのように右回りの神言になります。これを**「八方成就祓《はっぽうじょうじゅはらへ》」**といいます。

そして、三種の大祓が「後天の九星の巡り」を使っているのに対して、こちらは「先天《せんてん》の八卦《はっか》　乾兌離震巽坎艮坤《けんだりしんそんかんごんこん》の巡り」になっています（前ページ左イラスト参照）。そこで、「先天の」三種の大祓と名づけました。

先天の三種の大祓は、太極図《たいきょくず》のエネルギー回転になっています。つまり、先天の三種の大祓は原初のエネルギーが発動しやすいのです。

そして、太極図が陰陽のエネルギー運動を起こして、中心に新しい「太一《たいつ》（太乙）」を生んでいる形を「元極図《げんきょくず》」といいます（前ページイラスト参照）。

「ハライタマイキヨメデタマフ」は**「善言《よごと》美詞《みごと》祓《のはらへ》」**といい、「祓い給ひ」が外清浄《げしょうじょう》、「清めで給ふ」が内清浄《ないしょうじょう》になります。「清め出給ふ」は〝めでたい〟という意味も含んでいます。願望を実現させて、「おめでたい」という状態にします。

このように、先天の三種の大祓は「秘《ひ》々《ひ》中《ちゅう》深秘《じんぴ》」であり、人類の守護神への神言と三種の神宝《かむだから》、至極の奥秘、八方成就祓、善言美詞祓があわさって、さらにパワーアップした最強の神言なのです。

神脈・仏脈が人脈を呼び、人脈が金脈を呼ぶ

お金は天から降ってくるのではなく、人間がもたらします。成功し、豊かな人生を送っている人は、お金を呼ぶ人脈や情報をもっています。「産土《うぶすな》の大神《おおかみ》」は、産霊《ムスビ》の働きをするご存在です。ですから、人と人の縁によって、開運していきます。

「神・仏・先祖」の開運法を行なうと、質の高い人脈・人材が集まり出します。開運カウ

ンセリングにおいても、相手の産土神社や鎮守神社が、自分の産土神社や鎮守神社と同じ系統の神社になっているケースが多いのです（イラスト参照）。

また、神仏は「情報」を通じて、人間を助けることも多いのです。私も有益な情報によって、何度も助けられました。しかし、「神・仏・先祖」が良き人材を集めてくださっても、本人が十分に活用できなければ、効果が出ません。神仏の「開運縁」を活かして、質の高い人脈を築き、金脈を得るためには、次のことを念頭におくとよいでしょう。

◎**成功している人、運がいい人、豊かな人たちと意識的に付き合うことです。**人間は「類は友を呼ぶ」で、自分と同レベルの人たちと付き合いやすいものです。なるべく自分よりもレベルが上の人と付き合うように心がけます。

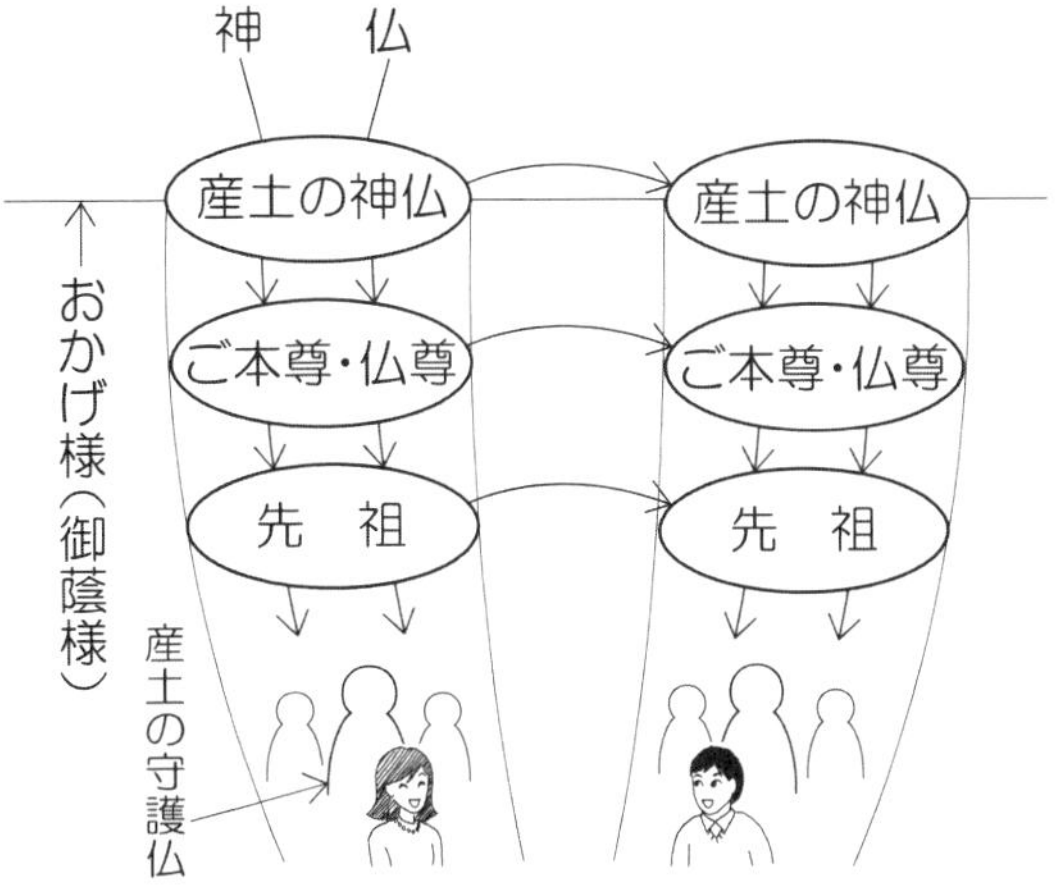

「神・仏・先祖」が働く開運縁

そして、成功している人や豊かな人生を歩んでいる人から、その方法を学ぶようにします。それらの人たちからの情報は質が高いのです。また、運がいい人と付き合うと、相手の運気エネルギーの「おすそ分け」をいただけます。逆に、運が悪い人とばかり付き合うと、自分の運気も減ります。

◎貴人がもたらすチャンスを活かすことです。特に人生を大きく開いてくれるチャンスをもたらす人との縁を「貴人縁《きじんえん》」といいます。私も人生の節目ごとに貴人が現れ、そのチャンスをゲットして開運し、豊かになってきました。

◎分かち合いの精神が人脈を広めます。相手に有益な情報を知らせてあげたり、アイデアを教えてあげることです。そうすると、相手も同じように情報や思わぬヒント、アイデアを与えてくれたりします。良質の情報は、良質の人脈から入手するのがベストです。良質の人脈から金脈へとつながっていきます。

◎自分が知らない応援者に感謝することも大切です。私の事務所には時々、次のような電話がかかります。

「山田先生の新しい本はまだ出ませんか。先生の一〇年来のファンで、先生のご活躍を祈っています。新刊を楽しみにしています」

このような人に私の出版活動は支えられているわけで、とてもありがたいことです。豊かになるには「おかげ様」の心で接し、自分の周囲の人たちはもちろん、自分が知らないサポーターにも感謝することです。そうすることがさらにサポーターを増やします。

トラブルが多い人やサポートしてくれる人が少ない人は、日常生活で感謝の言葉が少ない傾向があります。不満やグチの言葉が多いと〝不満の多い環境〟になり、感謝の言葉が多いと文字通り〝ありがたい環境〟にだんだんなっていきます。

◎自分の人生に関わる情報に敬意を払うことです。自分の人生を大切にすることは、自分の人生に必要な情報に対して適切なお金を払うことです。日本人の多くは、情報をタダで手に入れようとしますが、それでは有益な情報を手に入れることはできません。無料の情報（インフォメーション）には有益な情報は少ないのです。同時に、あまりに高いお金がかかる情報も要注意であり、何事も適切な価格が肝要です。

◎運のいい人は良質の情報を入手しやすいですから、日頃から「おかげ様で、ありがとうございます」や「神・仏・先祖」の祈り詞を称え、後述する手相開運法など開運の習慣をつけ、一〇日に一回は宿命・運命の清めと改善を行なうとよいでしょう。

第3章

宿命・運命・カルマを清め、改善する

人間は自分と同質のものを引き寄せる

多くの人たちは漠然と、さまざまな運命現象（人間関係のトラブル、不幸、事故など）は外から振りかかってくる災厄のようにとらえています。しかし、空亡（天中殺）や厄年現象、姓名学からもわかるように、自分の運勢や運の質によって、外にあらわれる現象がある程度決まっているのです。

東洋運命学で七〇％～八〇％の運命傾向がわかるのは、良くも悪くも自分自身に原因の大部分があることを示しています。

人間は〈何か〉の磁石人間です。「類は友を呼ぶ」という〝引き寄せの法則〟で、自分と同質のものを知らず知らずのうちに引き寄せます。無意識的に周囲に類似している人やモノを自分で集めてしまいます。

天地自然には似たもの同士は引き合うという「相応《そうおう》の法則」があります。自然界では、動植物は住み分けをしています。人間も「類は友を呼ぶ」になります。自分の環境も同じで、その人の成長に〈最適な環境〉が集まります。

私たちは、自分が望んでいるものではなく、自分と「同種のもの」を引き寄せます。今の状況を好転させたいのなら、自分の心の習慣を積極的で明るいものにしていく必要があります。

愚痴や言い訳ばかりしていながら、「でも、幸せになりたい」というのでは道理に合いません。言い換えますと、自分の質を高めれば、高いレベルのものが寄ってくるのです。豊かな心になれば、豊かな環境が形成されます。

多くの人が外に原因を求め、不幸な身の上を嘆いていますが、内なる自分の質を高めない限り、自分の環境は良くなりません。**外に原因を探すのではなくて、環境を引き寄せている自分の宿命・運命の磁石の質を改善し、開運体質になることが開運の近道なのです。**

さまざまな開運法は運命を開くための方法なのですが、「宿命の濁《にご》りや重さ・暗さ」で、開運法をできない人や、効果がなかなかあらわれない人がいます。長年、私は開運法の指導をしていて、開運法がより効果的になるには、宿命・運命の濁りや重さ・暗さそのものを改善する必要性を痛感しました。

そして近年、ついに宿命・運命の清めと改善法を編み出しました。

古神道《こしんとう》の最奥義「自神拝《じしんぱい》」から宿命・運命の清めを考え出した

古神道の最奥義《さいおうぎ》が「自神拝」です。自神拝は自分の神性である一霊四魂《いちれいしこん》を賛美し、元気づけ、「霊的セルフイメージを高め、実感する」メソッドです。神棚や神社に鏡があるのは、実は鏡に映る自分自身を拝む意味も込められています。

〔一霊四魂の位置と働き〕

直霊《なおひ》……内なる神性の中心的存在。

荒魂《あらみたま》……この世に現象化をもたらす働きをする内なる神性。願望実現に深く関わる。

和魂《にぎみたま》……調和・統合する働きをする内なる神性。

幸魂《さきみたま》……智慧・洞察力・人生を開く（咲《さ》く）力をつかさどる内なる神仏。

奇魂《くしみたま》……奇《く》しき力（奇跡・超常的パワー）をつかさどる内なる神性。

一霊四魂の中心が直霊ですが、胸の前後に荒魂、幸魂があります。つまりメインになる心は胸のあたりにあるということです。実際、心（ハート）を指す時は無意識的に胸に手を当てますね。キリスト教でも胸を中心に十字を切ります。

そして、私は自神拝から研究をさらに積み重ねて、**人間の宿命・運命は「身体内に実体としてある」**ということがわかりました。自神拝に連なる奥義巻物《おうぎまきもの》に「三光運命図」があります。地球に注ぐ「日・月・星」の三つの光が、人類の運命に影響を与えていることを示す吉田神道の奥秘《おうひ》です（新潟県村上市・西奈彌《せなみ》羽黒神社蔵）。

その中で、「運身《うんしん》」は星として卍であらわされ、その中心は「中主」とされます。運命だけでなく、運身という概念があることは注目されます。一霊四魂も同じように卍形になっています（イラスト参照）。

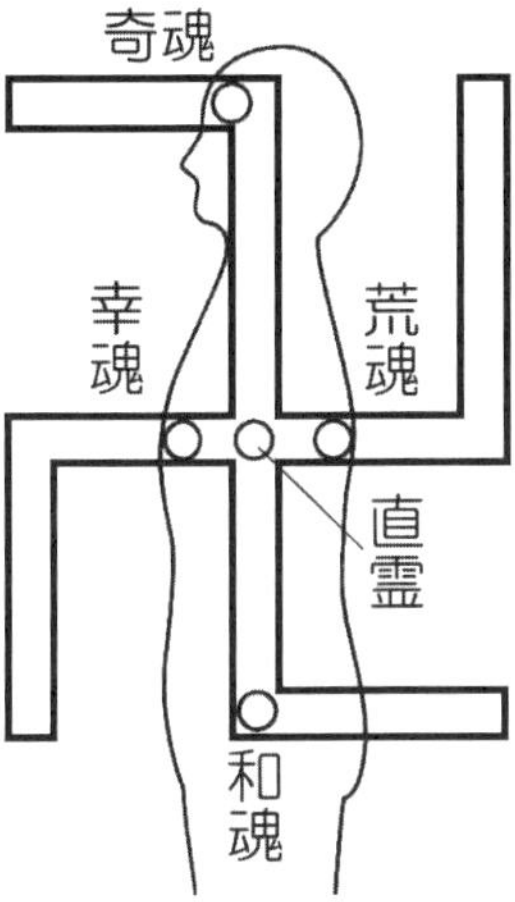

運身とは心霊学的表現では「魄体《はくたい》」と呼ばれますが、一霊四魂《いちれいしこん》を包む霊的な体のことです。人間は「光体、霊体、アストラル体」という多重の霊的ボディを持っています（後述）。その中に宿命と

運命、前世・先祖のカルマ、コンプレックス（わだかまり）、トラウマ（心的外傷）などの情報が蓄積されています。

人体は小宇宙（ミクロコスモス）で、宇宙と同じ構造をしています。そして、人間の全身の運気は手、足、耳などの身体部位にそのまま投影されます。たとえば、人相や手相を見るとその人の人生が観えるということです。リフレクソロジー（反射療法）や耳ツボダイエットなどは、ある意味では「手相、足相、耳相、人相などの観相学」の健康版です。

「霊《れい》・魂《こん》・魄《はく》」と霊的ボディの清め・改善

ここで、古神道の霊的身体論を紹介します。霊《れい》・魂《こん》・魄《はく》とは、人間の霊的構成要素です。近代の心霊学の「霊魂」という言葉は、昔からの「魄」という概念が抜け落ちています。

◎**霊**……直霊《なおひ》であり、内在の神仏の中心的存在です。
◎**魂**……四魂であり、内在の神仏として「荒魂《あらみたま》・和魂《にぎみたま》・幸魂《さきみたま》・奇魂《くしみたま》」があります。
◎**魄**……魄体《はくたい》と思念魄《しねんぱく》に分かれます。

人間は「光体、霊体、アストラル体」という多重の霊的ボディをもっています。「光体、霊体、アストラル体」のそれぞれに霊的エネルギー系中枢《ちゅうすう》器官としてチャクラがあります。それぞれのチャクラから、生体エネルギーであるオーラを発しています。

魄体の中に、前世のカルマ・トラウマ（感情面での傷）、一族的トラウマや民族的トラウマ、宿命・運命などのさまざまな情報があります。この魄体を清め、改善し、ご開運することが人生の開運になります。

思念魄は、霊・魂・魄体から発する思念エネルギーです。人生での願望実現には、本人の光の思念エネルギーが必須です。光の思念魄のルクス（光度）を上げ、濁りをきれいにすることが、より高い目標が実現するコツです。

宿命・運命の清めと改善をすることとは、ネガティブな人生情報エネルギーのミソギ（毒出し）と霊的ＤＮＡの改良になります。つまり、**宿命・運命のソフトである〈人生の設計プログラミング〉そのものを改良する**わけです。

魄のミソギを行なうことで、願望が実現しやすくなります。当然、人生が明るく、軽やかになりますから、各種開運法も効果が上がります。

つまり、「神・仏・先祖」の産土信仰と宿命・運命の清めと改善、前世・先祖のカルマの昇華をあわせて行なうとすばらしい相乗効果が起きるのです。

「開運法を実践したり、『前世・先祖のカルマ昇華』セミナーを受講したりすると、必ず願望が実現するのでビックリです。この三年間で会社の売上げが三〇倍に、私の年収は一番大変な時と比べて一〇〇倍になりました！　開名（改名）もしました。今は空亡（天中殺）中なので、業績は期待よりも少しだけ下回っていますが、それでも前年よりアップしています。これからもどんどん勉強して実践して、開運していきたいと思います」

（栃木県・Mさん）

「昨年夏、主人の職場の鎮守神社を調べて初めて参拝して以来、直属の上司が心をかけてくださり、仕事に役立つ資格の受験を勧められ、資料やアドバイスをいただきました。おかげさまで昨冬と今年二月に資格試験に合格しました。これまで主人は真面目で穏やかな性格のわりには周りの評価はパッとせず、『運がないのかな』と万年ヒラと半ばあきらめていたところ、二月に昇進試験を受けると言い出しました。

昨年一一月の前世・先祖のカルマ昇華講座では私自身のカルマ昇華をやりましたので、三月の講座では主人のカルマ昇華をやりました。すると、講座の二日後に昇進試験合格の通知が届きました。やはり最後のところで神仏が後押ししてくださったように思います。主人は二〇年以上勤めてきたことが認められて『今までで一番うれしかった』と珍しく興奮気味でした。おかげさまの世界でもきちんと筋を通すことの大切さを感じました」

（東京都・Ｙさん）

無意識内の「宿命・運命のネガティブな要素」をデトックスする

ユング心理学では、意識と無意識とは常にバランスをとる仕組みになっており、無意識が顕在意識を補う形で機能していると説いています。陰陽として、自分の主たる顕在性格と、無意識の奥底に〈反対の性格〉である潜在性格（シャドー）があるのです。二つが合わさって「自己人格」になります。

コンプレックスとは無意識にある「こだわり・わだかまり」です。ネガティブなコンプレックスを劣等感ともいいます。自分の性格・価値観にこだわり、ほかの性格・価値観を抑圧すると、無意識の中でネガティブな影（シャドー）というコンプレックスが発生します。日頃は内気でシャイな性格の人は、外向的で大胆な「潜在性格」をもつことが多いのです。

積極的で強気な人が、トラブルが起きて相手から責められると、とたんに気が小さくなり、極端に落ち込んだりするのも、本人のシャドーコンプレックスです。明るい性格の人が、心配性だったり、世捨て人のような深い無常観をもっていたりします。まずは、自分にさまざまなコンプレックスがあることを認めることから始まります。

2つの性格を調和させる

お酒を飲んだ時には顕在性格が薄れ、潜在性格が出やすくなります。また、車の運転などにもあらわれます。人生の重大な局面において、「人が変わったように問題行動を起こした」という人の場合、潜在性格であるシャドーコンプレックスが出ているのです。

「魔がさした」「つい○○してしまった」というパターンです。人間は二つ以上の性格があり、全体が「自己」であるという認識からスタートすることです。そうやって、多様な性格のバランスをとっているものです。

最近、ニュースなどで「心の闇」という表現を使いますが、それがネガティブなシャドーコンプレックスです。シャドーコンプレックスは自己を責めたり、自己を犠牲にし、自己否定や慢心したりするとネガティブになります。お山の大将でわがままなトップが世間からバッシングを受けたとたん、自宅に引きこもったり、オロオロする気の弱い態度になるのは、本人の隠れていたシャドーの性格が表面に出てきているのです。

ユング心理学では「集合的無意識」を説きました。ユングは、コンプレックス（原義は「複合体」という意味）には中心になる核が存在していて、その周りにいろいろなイメージや観念が付着していると考えたのです。その核になっているものを、ユングは集合的無意識の元型（アーキタイプ）と名づけました。

私はユング心理学の学派ですが、数々の神秘体験から、集合的無意識の奥に時空超意識があり、その奥に神意識があることがわかりました。

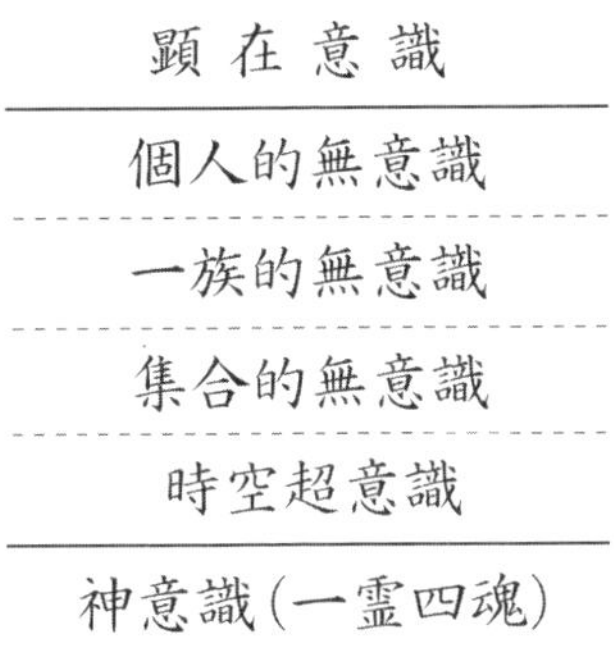

潜在意識の諸相

運命心理学（ソンディ心理学）では、自分の潜在意識と集合的無意識の中間に「家族的無意識」があるとしています。私は「一族的無意識」という言葉がわかりやすいと思っています。

歌舞伎役者の家の子どもは、幼時から端正な歌舞伎顔をしています。また、代々学者の家は、優秀な子どもが多いのです。それは環境によるものだけでは説明できません。

家族や一族で養子縁組や離婚、各種依存症（アルコール、ギャンブル、買い物、拒食、引きこもりなど）、破産、早死に、自殺、事故死、犯罪、精神病などが世代をまたがって出てくることも皆さん経験的にご存知だと思います。

これらは、先祖の「一族的トラウマ」が子孫の人生に投影される側面があるからです。自分の前世や先祖、家族の情報を伝達するのが、魄《はく》になります。魄は現象化を起こす働きがあります。

魄はこの世に近いエネルギーで、この世におけるさまざまな現象化を起こします。カルマや宿命・運命には八〇対二〇の法則があり、特に重要な二〇％の原因が八〇％の結果を生み出しています。

「神・仏・先祖」三位一体の守護や各種開運法と、宿命・運命の清め・改善が陰陽調和された時に、皆さんの運命は大きく開いてきます。

潜在意識の諸層は何層にもなっています。私は、潜在意識そのものを清めようと考えたわけです。宿命・運命を清め、改善することは、宿命・運命のデトックス（毒出し）です。食べものでいいますと、アク抜きです。

健康面において、デトックス（毒出し）の重要性が認識されるようになりました。体内に蓄積された食品添加物や農薬、宿便などを排泄《はいせつ》して、自己治癒力や免疫力をアップさせることが健康な生活を送るには必要です。デトックスをしながら健康に良い食物を摂取することで、相乗効果になります。それと同様に、宿命・運命のデトックスを行なうとよいのです。運身内の霊的水分と、身体内の物質的水分（血液、体液）をともにきれいにしていきましょう。

コンプレックス・カルマ・トラウマの相関関係

運身を使って、人生の失敗パターンを生み出すシャドーコンプレックス（わだかまり）やトラウマ（心的外傷）などの改善ができます。コンプレックス・カルマ・トラウマの関係は、前世・先祖からの流れも含めて、一〇段階あります。後の「行法・神言・真言」を取り上げた章では、これらを清め、改善します。

①万物はすべて陰陽（火と水、男性と女性、左脳と右脳、理性と感性、生と死、お金と愛情など）になっています。**〈天地自然の道理〉**

②人間はつい二者択一的に考えてしまい、善か悪か、白か黒か、どちらかにこだわります。
③どちらかに判断して採用しなかった事柄（心）が**シャドーコンプレックス**になります。極端なケースが、〝すべてかゼロか〟で考える「オール・オア・ナッシング思考法」です。
④偏ると、考えにヒズミや歪《ゆが》みができます。**〈認知の歪み、心の色メガネ〉**
⑤偏った思考やコンプレックス、行動がさまざまな**カルマ（霊的負債）**になります。
⑥前世から積み重なった自分のカルマとコンプレックスが、先祖のカルマと一族的コンプレックスと共鳴・同調します。
⑦自分と先祖のコンプレックスとカルマが、チャクラを中心とした魄体《はくたい》（運身）に蓄積し、現世の宿命・運命をつくり上げます。
⑧コンプレックスとカルマにより、**トラウマ（心的外傷）**ができやすくなります。トラウマの強弱は、その遠因となるコンプレックスとカルマの質や濁りによるのです。
⑨コンプレックスとカルマは、ネガティブな思念魄（残留思念）を発生させて、ネガティブな行動を起こします。
⑩これらが重なることで、不本意な現象が起きます。それが認知の歪みを起こします。
このように、すべての起点が認知の歪み、偏りから発生し、循環していきます。意識し

て中道・中庸《ちゅうよう》を心がけ、バランス感覚をもつことです。コンプレックスが発生する認知から、陰陽調和の認知パターンに変えていくことです。AかBかのどちらかしか選ばない〈二者択一思考〉ではなく、AもBも満たす第三の方法、相乗効果を考えましょう。

人体の背中部分に「運身《うんしん》の核」がある

ユング心理学では無意識は〈水〉で表現されます。箱庭《はこにわ》療法では川や海が登場します。人間の身体の六〇～七〇％は水分です。東洋医学の経絡《けいらく》（気のルート）は、表皮の奥の真皮《しん》《ぴ》内の「体液」の主なルートです。エネルギーや情報は身体内の水分を通じて伝達されます。九星気学で最初に一白水星《いっぱくすいせい》がくるのは、「水」が生命にとって最重要だからです。

実はコンプレックスは、身体的には腎臓（副腎も）・膀胱《ぼうこう》と関係があります。五臓六腑《ごぞうろっぷ》で特に重要な臓器が腎臓・膀胱という水・血液をつかさどる臓器です。東洋医学では脳と脊髄《せきずい》は腎経《じんけい》に属します。シャドーコンプレックスは脳と脊髄（背骨、ヨーガのスシュムナ）が核になっており、背骨は自律神経と経絡の両方が通っている最重要な場所です。

脊髄（東洋医学の督脈《とくみゃく》）の両サイドに膀胱経（水分を調整する）が走っています。背骨を中心に、両サイドの膀胱経まで合わせて約一〇～十五センチの範囲をシャドーコンプレックスの範囲ととらえます。

シャドー（影）コンプレックスはオーラにも影響を与えています。背骨の部位から発するチャクラ（霊的エネルギー系中枢器官）には、前世・先祖のカルマが溜まっているというのがヨーガ理論ですが、いずれにせよ、背骨周辺が最重要な部位であるというのは共通認識です。

整体のある流派では、背骨は「現在から三〇代までの先祖たちの因縁が溜まっている」という説もあり、私の理論とも共通しています。**三〇代というのが私たち子孫に直接影響を与えている先祖の数なので、「神・仏・先祖」の祈り詞でも三〇代のご先祖さまのご開運を祈るのです。**

シャドーコンプレックスは脳と脊髄が核になっており、まさしく肝腎要《かんじんかなめ》です。トラブルが続く場合は、シャドーコンプレックスの清めと、コンプレックスの認識と「自分が前提にしているものの見直し・再検討」が重要です。

シャドーコンプレックスを清めることで、ネガティブな認知・感情・行動をポジティブなものに変えやすくなります。このシャドーコンプレックスの中心部位に〝霊的存在〟が

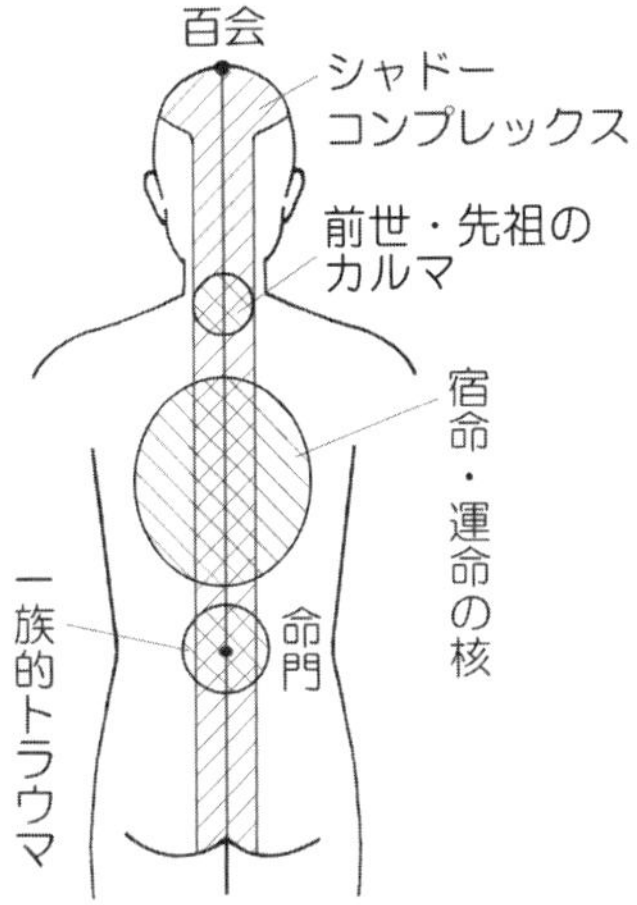
百会
シャドー
コンプレックス
前世・先祖の
カルマ
宿命・運命の核
一族的トラウマ
命門

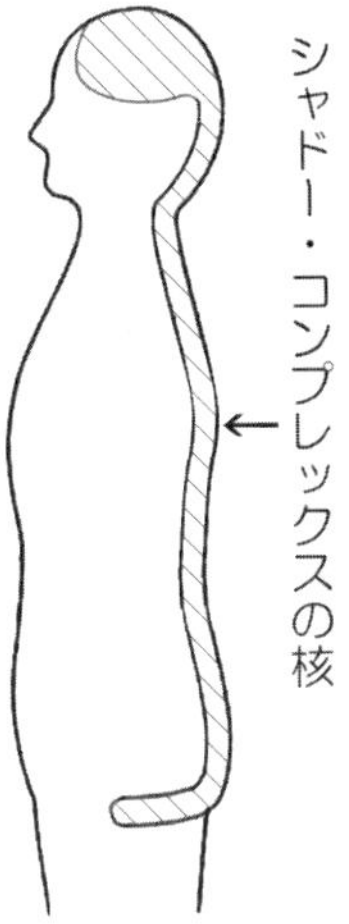
シャドー・コンプレックスの核

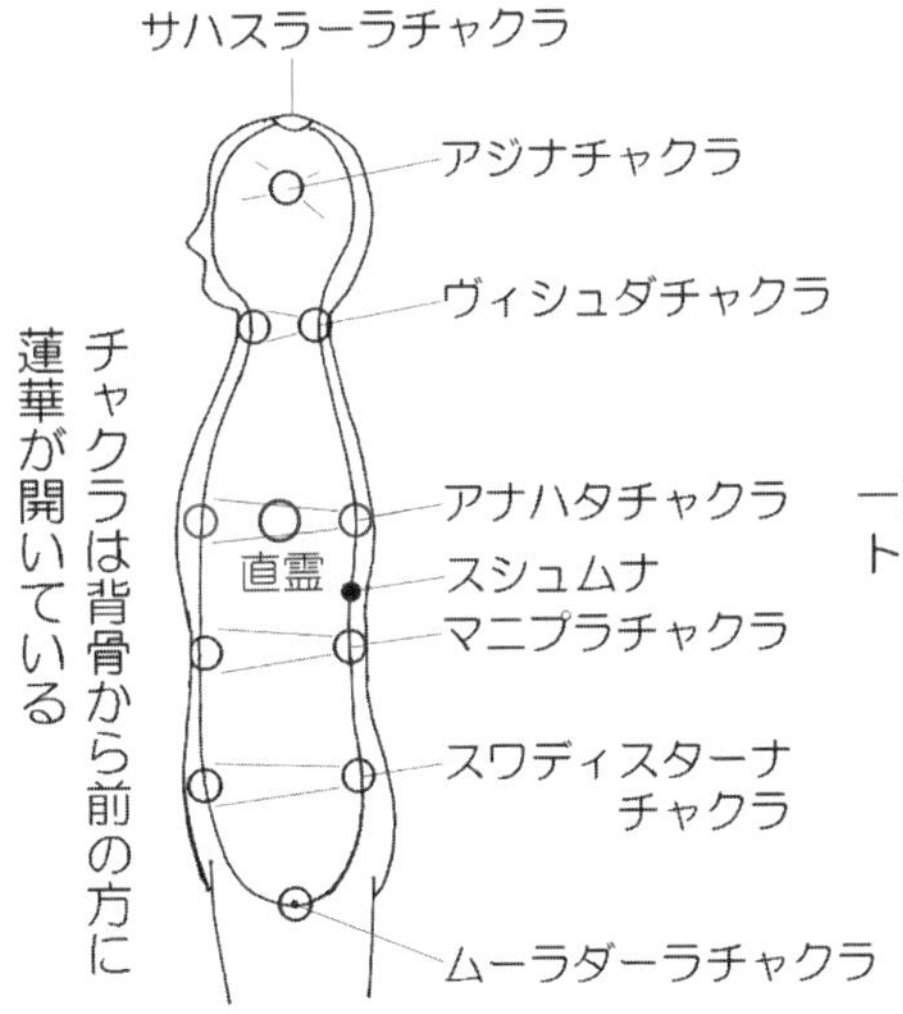
サハスラーラチャクラ
アジナチャクラ
ヴィシュダチャクラ
アナハタチャクラ
直霊
スシュムナ
マニプラチャクラ
スワディスターナ
チャクラ
ムーラダーラチャクラ
チャクラは背骨から前の方に
蓮華が開いている

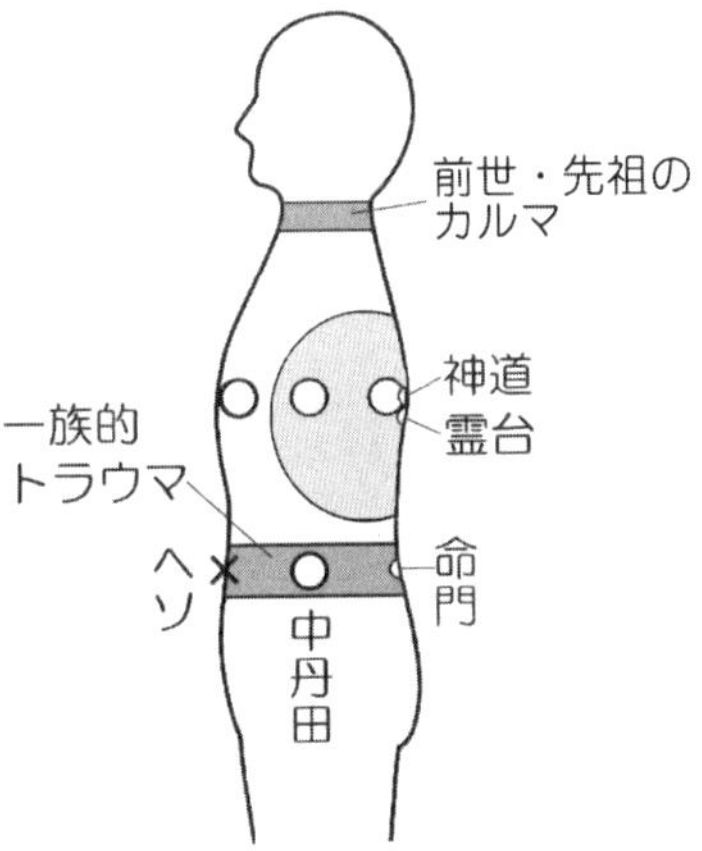
前世・先祖の
カルマ
神道
霊台
一族的
トラウマ
ヘソ
中丹田
命門

憑依《ひょうい》しています。水がきれいになれば蚊は発生しません。シャドーコンプレックスを清めると、霊的トラブルも軽減されるのです。

特に宿命・運命の重要な二〇%は、運身の中心である胸とお腹の背中周辺にあります。直霊《なおひ》は一霊四魂の中心であり、荒魂《あらみたま》はこの世にあらわす力をつかさどるのですから、胸の周辺にあるのは納得できます。背中にある荒魂の位置は東洋医学では、「神道《しんどう》」や「霊《れい》台《だい》」というツボ周辺に当たり、それを暗示する名称になっています（81ページのイラストも参照）。

チャクラでは、アナハタチャクラ、マニプラチャクラが宿命・運命の中心核に含まれます。心臓のチャクラといわれるアナハタチャクラは願望実現やヒーリング（癒し）のチャクラであり、荒魂のあたりと重なります。マニプラチャクラは感情のチャクラとされます。人生は感情のもち方によって大きく左右されるわけですから、マニプラチャクラが中心核に入るのは理屈に合います。

手相学と「一霊四魂論・チャクラ論・東洋医学」が一致することを発見！

人間の全身の運気は手、足、耳などの身体部位に投影されます。たとえば、人相や手相を見るとその人の人生が観えるということです。

アナハタチャクラは、東洋医学の経絡《けいらく》（気のルート）では手厥陰心包《てけついんしんぽう》経に対応します。手のひらの労宮《ろうきゅう》というツボも心包経です。心包経とは胸を包む経絡であり、「心包」という言葉に、心が胸の中にあることが暗示されています。労宮は、外気功で気を発する時の中心になるツボです。外気功とは手から気を発して人に施す気功のことです。

手は願望実現力と深く関わり、手相の「運命線」は労宮を中心とした心包経に重なります。「運命線」という言葉も、胸にある運命の核とピッタリ対応します（93ページ左上のイラスト参照）。運命線は中指に向かって伸びるのがよいのですが、心包経の井穴《せいけつ》（脈気の出入りする所）は手の中指のツメの付け根にある「中衝《ちゅうしょう》」です。

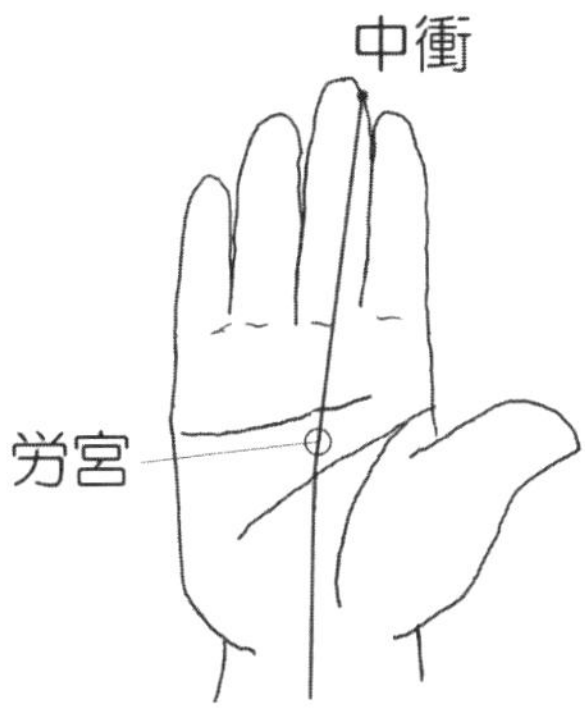

したがって、運命線が中指に向かって伸びることは、労宮と中指のツメの付け根の「中衝」の間を通ることになるので、**手相の運命線開運法は心包経とアナハタチャクラを刺激し、結果的に願望実現力をアップさせる方法**

にもなるのです。

考えてみますと、人間がこれだけの文明を築くことができたのは、思考力と手の器用さがあったからです。そこが他の動物と違うところです。以上の話から、一霊四魂の部位と宿命・運命の核、チャクラ、東洋医学のツボ、手相が見事に関連し合っていることがわかると思います。

先人の直観と智慧に驚くと同時に、私は「運身開運法」という視座を明確にすることができました。

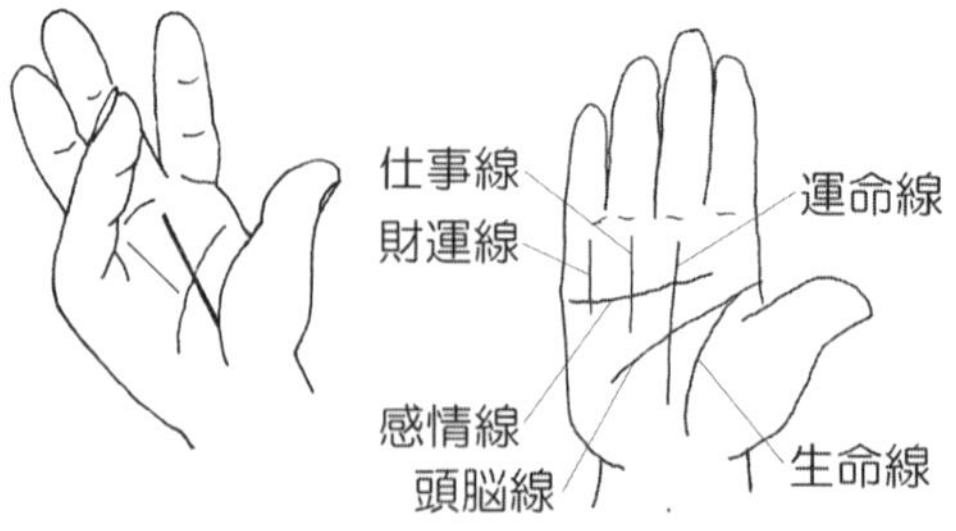

また、胃・脾《ひ》（すい臓）のチャクラといわれるマニプラチャクラは感性、感情、情感のチャクラです。感情のセルフコントロールが人生を大きく左右します。認知心理学でも、感情によって、どのような行動を起こすかが決まります。まさしくハートが人生を決めるのです。

そして、前世・先祖のカルマは身体的部位としては、〈喉《のど》のヴィシュダチャクラ〉と〈ひざより下〉に溜まります。

手相を意識的に変えていけば、人生を好転させることができます。運命全般をあらわすのが「運命線」です。運命線は中指に近くなるほど晩年運を示します。運命を開く線は全体的に、縦に伸びる線です。**薬指の付け根の太陽丘に伸びる線が仕事線（太陽線）で、この運命線の開運法を行なうと、同時に仕事線が伸びます。**人生と仕事の成功は連動しますから、一石二鳥です。

人生の基本は「自助自立」ですから、仕事をしていない女性でも運命線は伸ばしておくことです。

さて、いよいよ手相開運法の方法です。これは両手とも行ないます。

①運命線はシワですから、人差し指と小指を内側に寄せて、運命線を意識的に作ればいいのです。右手の運命線から伸ばしていきます（前ページ左イラスト参照）。右手の「人差し指」と「小指」を中指に寄せて、運命線のシワを作ります。笑顔で行ないます。

②左手の人差し指と中指で、運命線に向かってさらにシワをなぞりながら、

「おかげ様で、ありがとうございます。私はわが人生を大切にします。私の運命線はどんどん伸びる。私はとっても運がいい。幸せ、ラッキー、健やか、リラ〜ックス」

などと、開運の暗示をかけていきます。そして、実際に運命線を深く濃くしていきます。

何度も行なっていると、本当に運命線ができてきます。
③左手の運命線も同様に行ないます。手相を使って、自分を励まし、感謝し、しっかりほめるのもお勧めです。日頃から、手相を使って、自分の潜在意識に良き暗示をどんどんかけていくことです。

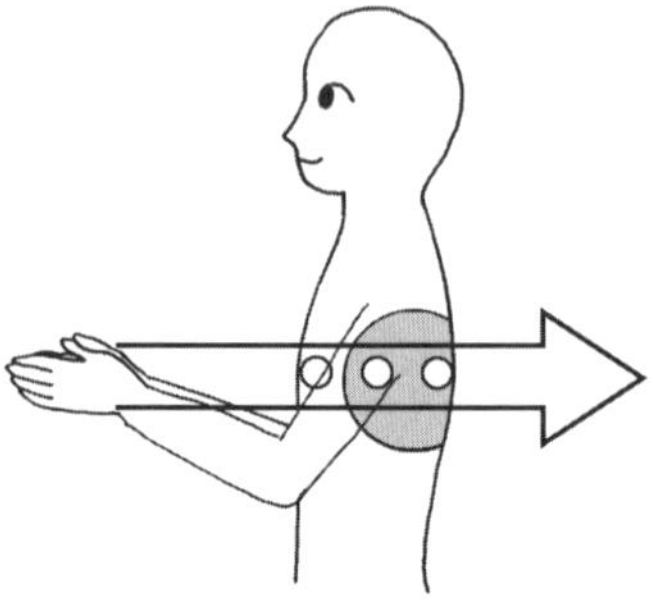

「宿命・運命の清めと改善」は、自分の内側に光を入れる

私は開運カウンセラー養成クラスとは別に、本格的に前世・先祖のカルマを昇華し、宿命・運命を清め、改善するための「三世（前世・現世・来世）のご開運講座」を開いています。そのメソッドの中で、読者の皆さんが日常生活でもできるものを紹介しましょう。

折に触れて行なって、自分の宿命・運命の質を向上させ、より明るい人生にしてください。

宿命・運命の清めと改善は、内側に光を入れるのが特長です。宿命・運命は〈胸からお腹〉周辺が重要な二〇％になっています。まさしくハートが人生を決めるのです。胸・お腹にかけての宿命・運命の核に向かって、合掌した両手の反対側から神言や真言の光を照射するように祈ります（イラスト参照）。

宿命・運命の清めと改善はデトックス（毒出し）なので、一〇日に一度くらいの間隔で行なうのが適当です。健康のためのデトックスでも好転反応（途中で一時的に起きるマイナスの身体反応）が出ます。宿命・運命のデトックスも、やりすぎると人によっては好転反応が出ることがあるため、一〇日に一度くらいがよいのです。

「神・仏・先祖が喜び、元気になる祈り詞」の後に、連続して祈ります。おかげ様の大いなるバックアップをいただきながら、自分の宿命・運命の清めと改善を祈ると効果が高いのです。

原則界には、十干・十二支・八卦をつかさどるご存在・諸神・諸仏・星宿《せいしゅく》の神々さまのほか、人類の宿命・運命をつかさどる偉大なご存在たちもおられます。マクロコスモスとしての偉大なご存在たちや星宿の神々の連動のもと、ミクロコスモス（小宇宙）としての人間の運命が清められ、改善されていきます。

おかげ様で、ありがとうございます。私はわが一霊四魂を尊び、わが人生を大切にします

宇宙の大いなる意志、大調和に基づく天命もちて、とってもありがたいわが宿命・運命をつかさどる偉大なご存在の一霊四魂のいやますますのご開運をお祈り申し上げます（ここで宇宙・天を意識します）

とってもありがたいわが宿命・運命のいやますますのご開運をお祈り申し上げます（と言って、ここから自分の内側に光を入れます）

とってもありがたい先天《せんてん》の三種《みくさ》の大祓《おおはらへ》もちて、わが宿命・運命を清め、改善し給《たま》へ

トホカミヱミタメ　甲《きのえ》乙《きのと》丙《ひのえ》丁《ひのと》戊《つちのえ》己《つちのと》庚《かのえ》辛《かのと》壬《みずのえ》癸《みずのと》　祓《はら》ひ給《たま》ひ　清目《きよめ》出給《でたま》ふ

トホカミヱミタメ　子《ね》丑《うし》寅《とら》卯《う》辰《たつ》巳《み》午《うま》未《ひつじ》申《さる》酉《とり》戌《いぬ》亥《い》　祓ひ給ひ　清め出給ふ

トホカミヱミタメ　乾《けん》兌《だ》離《り》震《しん》巽《そん》坎《かん》艮《ごん》坤《こん》　祓ひ給ひ　清め出給ふ（何回でも）

とってもありがたいわが人生のいやますますのご開運をお祈り申し上げます

「トー」「ホー」「カー」「ミー」「ヱー」「ミー」「ター」「メー」「きのえ」「きのと」というように、言霊の光を一つずつ、胸やお腹から、背中を貫くように入れていきます。

なお、この章で紹介しているさまざまな神言・真言を使った「宿命・運命の清めと改善法」はデトックス（毒出し）なので、初心者はそれぞれ五セット以内がよいでしょう。何事もやりすぎないことです。マラソンのようなペースで、長期的展望で継続して行なってください。

一族的トラウマを先天の三種の大祓で、おへそから清める

トラウマは「心的外傷、感情的な傷」と呼ばれますが、人間はさまざまなトラウマをもって生きています。各種のトラウマが、人格の一部を形成しているとも言えます。

ＤＮＡ（遺伝子）が肉体を形成するのと同じように、一族的無意識が霊的ＤＮＡとして、人生に影響を与えます。一族的トラウマはへそを通して、伝承されます。それがお腹の太《たい》陽神経叢《ようしんけいそう》やマニプラチャクラに溜まります。早死にの家系があるように、一族的トラウマ

は、一族のもつ運勢にも深く関わります。一族的トラウマを清めることは、自分の世代だけでなく、子孫の繁栄にもつながります。

合掌して、両手をおへその前にもっていきます。背中の命門を貫くようにおへそから「先天の三種の大祓」を入れて、一族的トラウマを清め、改善します。

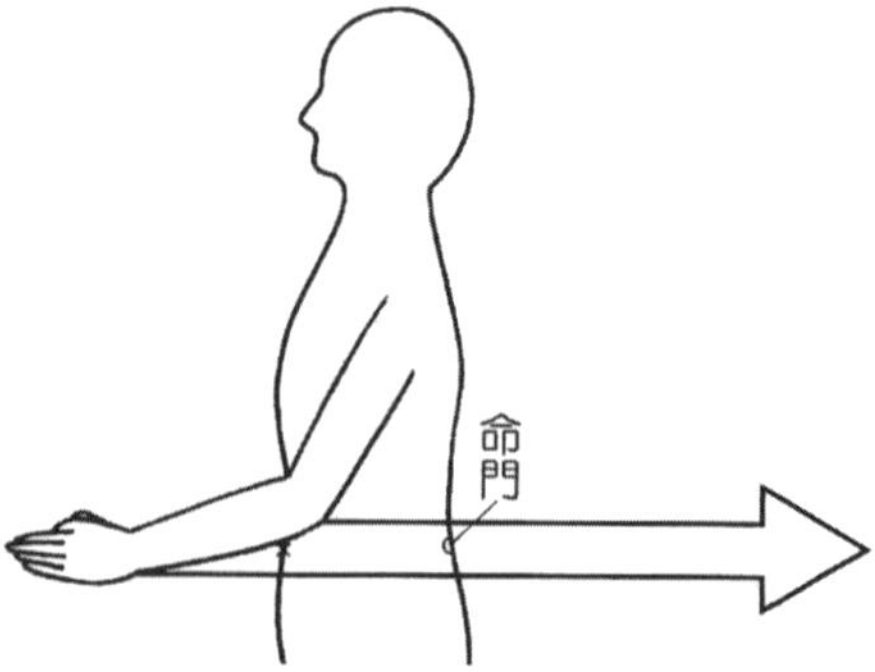

一族的トラウマを清め、改善する

とってもありがたい先天《せんてん》の三種《みくさ》の大祓《おおはらへ》もちて、わが一族的トラウマと民族的トラウマを清め、改善し給へ

トホカミヱミタメ　甲《きのえ》乙《きのと》丙《ひのえ》丁《ひのと》戊《つちのえ》己《つちのと》庚《かのえ》辛《かのと》壬《みずのえ》癸《みずのと》　祓《はら》ひ給《たま》ひ　清目《きよめ》出給《でたま》ふ

トホカミヱミタメ　子《ね》丑《うし》寅《とら》卯《う》辰《たつ》巳《み》午《うま》未《ひつじ》申《さる》酉《とり》戌《いぬ》亥《い》　祓ひ給ひ　清め出給ふ

トホカミヱミタメ　乾《けん》兌《だ》離《り》震《しん》巽《そん》坎《かん》艮《ごん》坤《こん》　祓ひ給ひ　清め出給ふ（何回でも）

一族的トラウマの清めと改善を行ないながら、中道（中庸）を心がけていくと、だんだんとトラウマの解消になっていきます。カルマとトラウマは陰陽関係になっています。

また、民族的トラウマも同様に清めます。日本民族はさまざまな歴史の中で、やはりトラウマがあります。中東の紛争はユダヤ民族とアラブ民族のトラウマが深く関係しています。私たちの無意識的領域にある民族的トラウマも一緒に清めるとよいのです。

カルマ昇華の真言で前世・先祖のカルマを昇華する

特に前世・先祖のカルマの昇華をしたい時は、カルマ昇華の真言も称えます。前世・先祖のカルマはノドに溜まっていますから、合掌した手の中指をノドの付け根に向けて触れ、頸椎《けいつい》のところにある大椎《だいつい》に向けて、光を貫くように昇華していきます。その際、ノドにカルマ昇華の真言を響かせるように称えます（イラスト参照）。

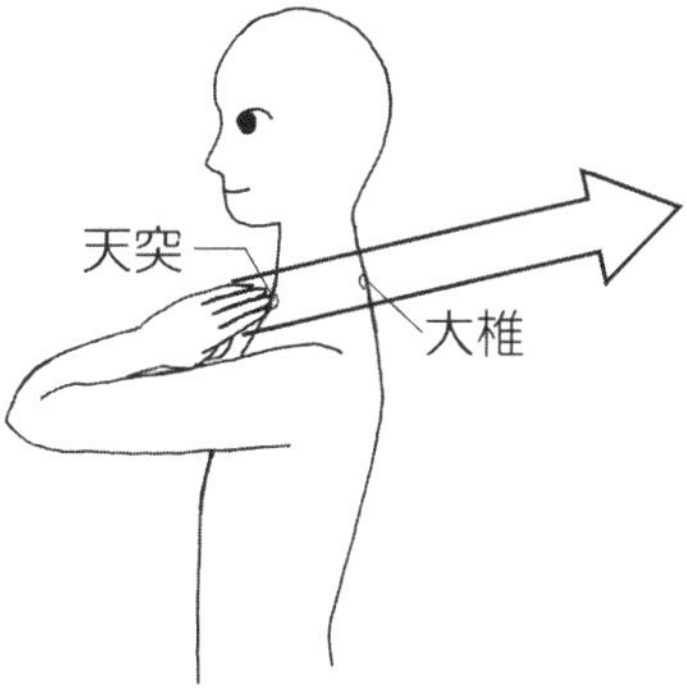

前世・先祖のカルマとトラウマを清める

とってもありがたいカルマ昇華《しょうか》の真言《しんごん》もちて、わが前世・先祖のカルマを昇華し給へ

ナム　ニケンダ　ナム　アジャハタ　ソワカ

ナム　アジャラ　ソワカ　インケイイケイ　ソワカ

◎祓い清めの神言で、ケガレを祓う

自分の宿命・運命の清めや前世・先祖のカルマの昇華を行なうと、霊的ホコリやにおいが出る場合があります。そこで、祓い清めの方法をお教えします。この方法は家の祓い清めにも活用できますので、時々、行なうとよいでしょう。

左手を下に、右手を上に上げます。左の手のひらは天に、右の手のひらは地に向けます。身体はナンバにかまえます。これを「天地の構《かま》え」といいます。天と地をしっかり観て、神言とともに天

地へケガレを戻します。

「ナンバにかまえる」とは、右手と右足を同時に前に出す動きのことです。現代人が歩く際には右手と左足を同時に前に出しますが、日本武道ではナンバが基本です。ナンバは腰が安定する型です。

「天に在《あ》るべきは天に　地に在《あ》るべきは地に　元の御座《みくら》に還《かえ》り給《たま》へ
オーッ、オーッ、オーッ」

「オーッ、オーッ、オーッ」という警蹕《けいひつ》に合わせて、まず内側から浮き出るケガレを、左手で天に、右手で地に祓います（前ページイラスト参照）。警蹕とは本来は神さまや天皇、貴人の通行の際、人々が不敬の行為をしないように注意するために声をあげることですが、古神道では神さまをお呼びしたり、お帰り願ったり、お祓いの際に用います。

さらに、手のひらを返して左手で地に、右手で天にケガレを祓います。室内の邪気も同様に左手で天に、右手で地に邪気を祓います。自分がすっきりしたと思うまで行ないます。

太陽の大神さまの日拝で 宿命・運命の濁りをきれいにする

宿命・運命の清めと改善、シャドーコンプレックスの清めに効果があるのが、太陽の大神さまの日拝です。時々、行なうとよいでしょう。

①二拝二拍手一拝します。

「おかげ様で、ありがとうございます。宇宙の大いなる意志、大調和に基づく天命もちて、とってもありがたい太陽《たいよう》の大神《おおかみ》さま、太陰《たいいん》の大神さま、太一《たいつ》の大神さまの一霊四魂の、いやますますのご開運をお祈り申し上げます
とってもありがたい太陽の大神さま、高き尊き御神威《みいず》・光明《こうみょう》、広き厚き恩頼《みたまのふゆ》・ご仏徳をいただき、わが一霊四魂と宿命・運命、わがカルマ・トラウマ、シャドーコンプレックスの濁りを清めていただきたく、よろしくお願い申し上げます」

②正面では、自分の一霊四魂と守護のご存在をパワーアップしていただきます。

「わが守護のご存在、私とご一緒に太陽の大神さまの御力《みちから》をいただきましょう」

「おかげ様で、ありがとうございます」と念じながら、宿命・運命・シャドーコンプレックスの濁りが減り、清らかになるとイメージして、感謝の気持ちで太陽の大神さまの御力をいただきましょう。眼は開いて行ないますが、眼をいためないように、太陽光線を直接見ないようにします。

③後ろを向いて、全身（特に背中）に太陽の大神さまの御神威、御神徳を受けます。特に宿命・運命・シャドーコンプレックスの濁りを清めていただきます。「おかげ様で、ありがとうございます」という感謝の気持ちで太陽の大神さまの御力をいただきます。目線は四メートル前方下を見て、そこに太陽の大神さまの御神威が貫いているとイメージします（イラスト参照）。

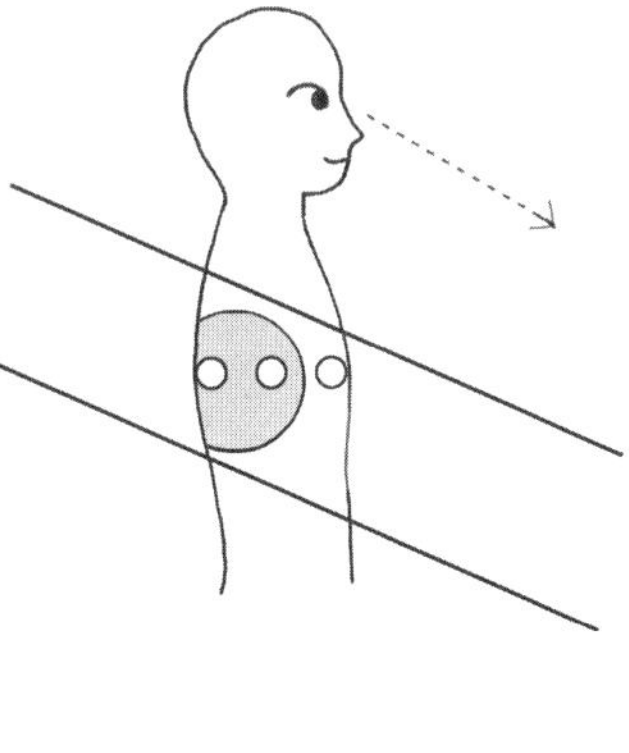

④二拝二拍手一拝します。

「とってもありがたい太陽の大神さま、高き尊き御神威・光明、広き厚き恩頼・ご仏徳をたくさんいただきまして、誠にありがとうございます
宇宙の大いなる意志、大調和に基づく天命もちて、とってもありがたい太陽の大神さま、太陰の大神さま、太一の大神さまの一霊四魂のいやますますのご開運をお祈り申し上げます」

以上が、太陽の大神さまの日拝の正式な方法です。日常生活では通勤・通学や散歩の際、「おかげ様でありがとうございます。とってもありがたい太陽の大神さま、わが守護のご存在のパワーアップとわが宿命・運命の清めをよろしくお願い申し上げます」と心で祈り、背中を中心に略式の日拝をするのもよいでしょう。

なお、人相に関しては「笑顔開運法」を行なうとよいのです。「笑う門には福来たる」で、顔を洗う時、お手洗いの時など鏡の前で、必ずニッコリとします。そうするとだんだん福《ふく》相《そう》になります。私は開運カウンセリングや講座の前に鏡に向かってニッコリしています。

日頃から、「日拝・手相（運命線）・人相（笑顔）」開運法を生活習慣にすることをお勧めします。

第4章

神社・仏閣開運法と金運アップ術
なんでもQ&A

Q. 神社には月に何回ぐらい行けばよいでしょうか。

A. 自分が行きたい時、行ける時に参拝すればよいでしょう。通常は月に一回ほどお参りし、ココという時には連続して参拝祈願します。その延長に二一日参拝行があります。

神社に参拝すること自体が重要なのではなく、「私は○○という目標に向かって、積極的に△△をいたします。大いなる後押し、どうぞよろしくお願い申し上げます」と神さまに具体的な祈願内容を伝え、しっかりと後押しをお願いすることが大事です。

日常生活で、「神・仏・先祖」の祈り詞の後に、自分の祈願を行ない、時間がある時に神社に参拝する、という優先順位でいいと思います。

また、「神社に参拝するのに、仕事の帰りの夜に行ってもよいでしょうか」という質問も受けます。基本的にはいつ参拝してもかまいませんが、治安上、深夜はやめた方がよいでしょう。誰かの家を訪ねる時と同様で、常識の範囲内かどうかで判断することです。神仏の世界も、人間世界でのお付き合いと基本的には変わりはありません。

Q. 神社の祓《はら》い詞《ことば》やお寺のお経と、本書の祈り詞はどちらを先に行なえばよいでしょうか。

A. 神社には参拝作法と祓い詞を書いた説明書がある場合がありますが、参拝のやり方はその神社の作法に従います（出雲大社では二拝四柏手一拝で拝礼を行なうなど）。神社で指示されている祓い詞は、本書で紹介している祈り詞（54ページ）を称えた後に称えるとよいでしょう。

特に神社で祓い詞が掲げられていない場合は、先天の三種の大祓を称えます。神仏のご開運を祈った後に願い事をしたり、神言や真言を称えた方が、神仏が喜ばれるからです。

寺院参拝の作法については次のコラムをご覧ください。

コラム

仏閣（寺院）で開運するための参詣《さんけい》法

仏閣ではまず、山門を通る際、頭を軽く下げます。山門には阿吽《あうん》の口をした一対の仁王像がある場合もあり、寺院を守っています。阿吽とはすべての始まりの「ア」と終わりの「ウン」をあらわし、宇宙全体をあらわす聖音です。神社の一対の狛犬も同様に阿吽の口の形をしています。

本堂の裏手に「奥の院」がある場合は、そこも参詣するとよいでしょう。背後に山がある場合は、山の山頂付近に奥の院があることが多いです。奥の院は神社の奥宮（本社より奥にあって、本社と同じ系統の神を祭る神社。奥社とも）と同じく、その寺院のご本尊さまか、ご本尊さまよりも上位の仏尊がおられる場合がありますので、要チェックです。

お寺の作法は各宗派の作法に準じます。お寺での作法の後に、本書の祈り詞（64ページ）を称え、その後にそれぞれの宗旨の経文や「般若心経」、浄土宗や浄土真宗では「南無阿弥陀仏」の念仏、日蓮宗では「南無妙法蓮華経」などの題目を称えます。

また、あらゆる仏尊に効果のある真言が光明真言《こうみょうしんごん》です。これを最後に称えてもよいでしょう。

〔光明真言〕

おかげ様で、ありがとうございます。とってもありがたい光明真言を称《とな》え奉《まつ》る

オン　アボキャ　ベイロシャノウ　マカボダラ　マニハンドマ　ジンバラ

ハラバリタ　ヤ　ウン

光明真言の「オン」が「阿吽」と同じ意味の聖音です。さまざまな真言がある中で、これはすべての仏尊が喜ばれるものですので、覚えることをお勧めします。仏壇で称えるにもよい真言です。

Ｑ．お祈りはいつ、何回すればよいでしょうか。また、声は出した方がいいですか。

Ａ．朝夕にお祈りするのが基本ですが、自分が都合のよい時間帯でけっこうです。一日のうちで祈りが最も通じやすいのは午前四時〜五時の間と午後四時〜五時の間です。その時に時間がある場合はお祈りをするとよいでしょう。

特に実現したいことを祈願をしたい場合は、「二一日早朝祈願法」があります。これは午前四時から五時の間に二一日間連続して祈願をします。祈りの場所は神棚に向かってか、自分が最も祈りやすい場所で行ないます。

大切なのは、神仏に祈りが通じるように、しっかり気持ちを込めることです。祈りとは「意乗《いの》り」です。自分の意をはっきりと神仏に伝えることです。したがって、回数は考える必要はありません。声も出せる時は称え、出せない時は黙念《もくねん》（声を出さずに祈ること）でよいのです。

また、神言・真言は三回繰り返すのが基本ですが、時間がない時は一回でもけっこうです。数量や時間という外面的要素ではなく、神仏に心を通じさせるという内面の気持ちを大切にしてください。

Q. 神社の境内にある稲荷神社は参拝した方がよいでしょうか。

A. 参拝したければ参拝し、したくなければ参拝しなくてもけっこうです。稲荷大神さまは穀物をつかさどる偉大な神さまであり、眷属《けんぞく》（神仏に付き従う配下の存在）がキツネになります。江戸時代から商売繁盛をはじめ、人間の欲望を実現する要素が強くなり、人間の念がこもっている場合があります。ケガれた気を感じたり暗い雰囲気がする神社・仏閣には無理に参拝しなくてよいでしょう。

なお、稲荷神社はほとんど産土神社にはなりません。また、次の神社も産土神社にはなりません。というのは、産土の大神さまは大自然神だからです。

・靖国神社や護国神社のように戦没者を祭っている神社。
・明治以降に人間を祭っている神社（湊川《みなとがわ》神社、本居《もとおり》神社、常盤《ときわ》神社、城の中にある大名〈藩主〉を祭っている神社など）。

・御霊神社（人霊を祭り、それを鎮めている）。
・龍神さまが主神になっている神社も私がリサーチした範囲では、産土神社（または鎮守神社）になったことはありません。龍神さまは本来、大神さま方の配下のご存在なので、その龍神さまが主神になっている神社は産土神社（鎮守神社）にならないのだと思います。

Ｑ．縁があれば結婚したいと思っていますが、何か良い方法はありますか。

Ａ．私は開運カウンセリングをしていますが、結婚していない人の多くが「縁があれば」と言います（笑）。本当に結婚したいのなら、「○年までに必ず結婚する」と決意するところからスタートするはずです。

そもそも現代に生きている人間同士は皆、何らかの縁があります。長い地球の歴史のほんの一瞬、同じ時代を生きているということは、必ず縁があるわけです。しかし、縁には「上縁、中縁、下縁」があり、「縁がありそうだと思って結婚したら、うまくいかなかった」というのは、下縁（逆縁）の場合です。結婚は人生の一大事業ですから、上縁（開運縁）をゲットするための事業計画をしっかり立てることです。

神社で、「良い人と縁が結ばれますように」と縁結びを祈る人も多いのですが、私が神さまなら、「あなたにとって良い人とはどんな人ですか。どんな結婚生活をしたいのですか」とたずねたくなります。結婚は現実の生活になりますので、まず「自分にとっての望ましい結婚生活像」を明確にしましょう。現実の結婚生活像がはっきりイメージできると、実現しやすくなります。

また、自分の価値観と方向性が同じ人、趣味が似ている人など、共通の話題をもてることが重要です。離婚するカップルはコミュニケーション不足が多いのです。同じような趣味（旅行、ペットなど）、話題をもつようにすると自然と会話が多くなります。

また、九星の相性や十二支の相性も参考にします。九星の相生《そうじょう》・相剋《そうこく》についてはコラムをご覧ください。相生の相手の方が、長い人生において、一緒に生活するのが楽でしょう。実際、離婚相談では、配偶者が相剋である場合が多いのです。神社・仏閣開運法では、自分の行動の後押しをお願いします。

コラム

九星の相生《そうじょう》・相剋《そうこく》を結婚や人間関係に活用する

東洋運命学では「陰陽五行」が基本となります。「火と水、南極と北極、表と裏、男性と女性」のように万物はすべて陰陽になっています。五行とは、万物は「木・火・土・金・水」の要素で成り立っているという思想です。

さて、木は火によって燃えます。火が燃えて灰になると、土になります。土から鉱脈が生まれるので、土の中には金属があります。金属は溶けると液体（水）のようになります。また、鉱脈はだいたい水脈も伴います。金属の容器には水滴がつきます。水は木を成長させます。

このように、循環・生成する働きを相生《そうじょう》といいます。上の図で隣り合っている関係が相生です。相補う形になっており、近い方が相性もよくなります。

逆に、木の根は土を剋《こく》（侵略）します。土は水を濁らせます。水は火を消します。火は金属を溶かします。金属（鉄の斧）は木を伐ります。

このように、剋する働きを相剋《そうこく》といいます。離れているのが相剋で、矢印は「剋する（支配する）」、「剋される」関係です。近いと反発し合うので、遠い方がよい相性です。

単純に説明すると、隣接する星同士は相性がよく、離れている星同士は相性が悪い関係ということです。

結婚や人間関係の場合、自分の本命星と相手の本命星の「木・火・土・金・水」の相生・相剋を調べます（本命星については178〜179ページ参照。二月四日［または五日］立春から翌年二月三日［または四日］節分までが一年になります。したがって、一月生まれは前年の十二支になります。なお、地道な二黒土星の男性と、やや派手な九紫火星の女性は、相生関係ですが、感情面の行き違いが起きやすいので結婚には向きません）。

六白金星と七赤金星のように同じ五行の九星の場合は比和《ひわ》（和気）といい、小吉になります。

また、相剋の意味は、金は火に弱く、木には強いというパターンで、すべてがジャンケンの原理で成り立っているということです。兵法的に考えて、相手によって相生と相剋をうまく組み合わせることが肝要です。

私・山田（七赤金星）がサラリーマン時代は、社長が九紫火星で、私の意見はなかなか通りませんでした。そこで、七赤金星が剋する四緑木星である専務に頼んで、専務経由で私の企画を通していました（前ページ図参照）。

皆さんが、自分の人脈を広げようと思われるならば、具体的な人材と、自分にとって必要な九星の人を記した目標シートを書いて、自分の思ったような人脈をだんだんと集めていきます。そのシートをもって、神社・寺院に参拝し、開運縁になるように後押しをお願いするとよいでしょう。

結婚の場合は当然、相生の相手にします。ただし、自分の生まれ年の十二支の反対側の年（六年前や六年後）は冲《ちゅう》といって、相性が良くないので避けます。たとえば子《ね》年生まれは午《うま》年が冲になります（187ページの図参照）。結婚目標シートをもって、「私は○年までに必ず結婚します。○○の人（パートナー像）と、○○（結婚生活像）を行なうために、□□をして自分のセールスポイントを高め、結婚するために△△を実行します。どんどん行動しますので、後押しよろしくお願い申し上げます」とお願いするとよいでしょう。行動を起こして初めて、神仏も手助けをしてくれるのです。

〈例題　昭和 33 年六白金星生まれの人の場合〉

貴　人　と　理　想　の　人　脈

運がいい人。精神性が高く、心が温かい人
指導的立場の人、成功している人、成長を望んでいる人
自分の人生を大きく開くきっかけになる人
有益な情報をお互い提供し合える
私や家族のサポーターで、仲の良いお付き合いができる
約束や時間を守る人
前向きな意見・アドバイスを言ってくれる
相生の人　二黒土星、五黄土星、八白土星、一白水星
自分が剋する人　三碧木星、四緑木星

年　　月　　日

㊞

〈例題　昭和 56 年一白水星酉年生まれの女性の場合〉

○年までに幸福な結婚をする！

年収　○○万円以上。お金と時間を大切にする男性
心身ともに健康な男性、笑顔が多い男性
自分と価値観や趣味が同じ方向の男性
旅行や神社・仏閣めぐりが好きな男性
お互いに成長し合える男性、お互いを大切にする男性
関東出身の男性、借金・暴力・依存症がない男性
家族同士が仲良く、末永くお付き合いができる
相生の人　昭和 54 年(三碧木星)、昭和 53 年(四緑木星)、昭和 51 年(六白金星)、昭和 59 年（七赤金星)、昭和 60 年（六白金星)

年　　月　　日

㊞

「目標シート」の例。これらを参考に自分で作ってみてください。

自分を励ましながら、お見合いをしたり、親族・知人に紹介を依頼したりと、とにかく積極的に行動することです。

次に、自分の「商品価値（セールスポイント）」を高めます。「類は友を呼ぶ」の法則がありますから、自分のレベルを高めることが開運縁の相手と結婚できるコツになります。

結婚を前提として付き合う場合は、相手と「結婚後の人生設計」を話し合いましょう。離婚の原因の七〇％は金銭感覚や金銭の使い方に関する考え方の不一致ですから、経済・金銭面の具体的なすり合わせをしておきます。結婚前に「お金を貸してほしい」という人がいますが、そういう相手とは結婚後、必ずと言っていいほどお金でもめますので、結婚はやめた方がよいでしょう。

「浪費グセ、借金グセ、浮気グセ、暴力、各種依存症（アルコール、ギャンブル、薬物など）」がある人と結婚すると苦労しますから、結婚前に相手をチェックします（逆にあなた自身がこの項目に当てはまる場合はそれを改善するようにしてください）。

結婚を前提に付き合っているのに、自分の家族のことを相手に知らせない（秘密にしている）人も、やめた方が無難でしょう。

ユング心理学では、恋をするのは自分の〈無意識の投影〉という側面があるとしています。しかし、実際の異性は違います。神仏に頼んだからといって、出会った人を「運命の人だ」と早合点しないで、相手をよく見極めてから、結婚してください。

Q．神仏の守護と、宿命・運命の清めはどう違うのですか。

A．外からの神仏の守護と、内面の運命の改善は質が違います。たとえば、空亡（天中殺）において、産土の神仏をはじめとする守護するご存在は、さまざまな困難があった時に守護や後押しをくださいます。しかし、内から出てくる厄年や空亡現象は変わりません。

埼玉県のMさんは次のような体験を話してくれました。

「私は空亡と厄年が重なり、とてもたいへんでした。厄年や空亡は知っていましたが、こんなにきついものとは思いませんでした。もうダメだと思うことが何度もありましたが、ギリギリの時に守護が働き、何とか乗り切りました。

たとえば、取引先の会社からの一億一〇〇〇万円の手形が不渡りになりそうになりました。相手と連絡がとれず、さすがにあきらめていました。ところが、期限ギリギリで、相手から突然、『今から振り込む』という電話があり、何とか不渡りにならずに済みました。

本当に、守護の神仏に感謝しました。今後は、日頃から宿命・運命の清めと改善も行ない、厄年・空亡現象を軽減する開運法を行ない、楽に乗り越えられるようにしていきたいです」

このように、守護はいただいても、空亡と厄年現象そのものはあります。空亡そのものを清め、空亡の質を変えて、トラブルを減らすことができればたいへんすばらしいことです。「宿命・運命そのものの清めと質の改善」を行なうことで、宿命・運命にほんろうされず、自力で運命を好転しやすくなるでしょう。全体的に、人生の重荷を軽くするようなイメージで取り組んでください。

Ｑ．産土神社や鎮守神社は氏神さまとは違うのですか。

Ａ．初期の頃の開運カウンセリングでは、従来の神道説のように、「生まれた近くの神社に参拝してください」と話していたのですが、ある相談者から「近くに神社がいくつもあるので、どれが産土神社かわからない。調べてもらえませんか」と頼まれ、神道フーチでリサーチしてみたところ、現在の氏子区分とは一致しなかったということがありました。

神道フーチとは古神道の神事として、振り子（ダウジング）を使ったリサーチ法です。

氏子区分とは住んでいる地域によって「あなたの氏神は○○神社」と地域ごとに割り振られているものです。

それからは、開運カウンセリングの度にリサーチをするようになりました。近くの神社ではありますが、氏子区分の神社とは一致しないケースがいくつもありました。しかし、リサーチで出た神社に参拝し、祈願していただくと、〈おかげ〉をいただく人が続出しました。鎮守神社も同様でした。そういう経緯があって、一人ひとりを一社ずつ丹念に調べるようになったのです。

産土神社・鎮守神社リサーチは、本人の一霊四魂との深い縁によって、直接担当してくださっている神さまがおられる神社を調べるものです。自分の直霊《なおひ》をくださった神さまが直霊の大神（本体神）さまであり、その神さまと表裏一体になっているのが、産土の大神さまです。皆さんの数万年、数千年にわたる前世からの神縁もあります。産土の大神さまとの神縁の中で、鎮守の大神さまが決まります。そのため、明治時代に確立された現在の氏子制度とは必ずしも一致しないのです。

私が開発した産土神社・鎮守神社リサーチは、開運するのに最重要な神社のリサーチだと確信をもっています。ただし、氏子区分による氏神さまをないがしろにしていいということではありません。現在、氏神となっている神社は、その地域を守ってくださる大切な神社であり、本人の守護神社になる場合がほとんどですから、従来どおり参拝されるとよいでしょう。

産土神社や鎮守神社のリサーチは、従来の氏子区分を否定するものではなく、あくまでも〈その人の開運に最重要な神社〉を調べるものだと認識してください。

学校の鎮守神社とは、学校の近くに鎮座しており、本人の学業や学校生活を守護する鎮守神社です。学校そのものを守護するのではなく、本人を直接担当し、本人の学校生活や学業をサポートしてくださいます。

「三月初めに孫の通信リサーチをしていただきました。三月中旬に高校受験を控えていたため、受験校の学校の鎮守神社のリサーチもお願いしました。驚いたことに、孫の鎮守神社は、私が長い間住んでいたところ（隣県）の近所でした。孫の現住所からは遠いところですが、私がずっと住んでいたところに孫の鎮守の大神さまがいらっしゃると思うと、魂や神仏のご縁を感じずにはいられません。もちろん受験前に産土神社・鎮守神社・学校の鎮守神社のすべてに参拝し、後押しをお願いしました。おかげさまで希望校に無事合格いたしました。ありがとうございます」（大阪府・Ｉさん）

Q．金運をアップする神言や真言があれば、教えてください。

A． 金運・強運アップには、「先天の三種の大祓、カルマ昇華の真言、ひふみ祝詞《のりと》、神《しん》語《ご》」が有効です。先天の三種の大祓はすべての神言・真言の中でベストの神言で、すべてに効果があります。カルマ昇華の真言は本人の霊的負債《ふさい》を軽くしてくれます。ひふみ祝詞は八百万《やおよろづ》の神々を讃美し、ご神徳をいただきます。神語は出雲神道の代表的な神言であり、一霊四魂を活性化し、運を良くすることにより、開運と商売繁盛に効果があります。特に金運アップを願う場合は、これらを多めに称えると良いでしょう。

〔先天《せんてん》の三種《みくさ》の大祓《おおはらへ》〕

宇宙の大いなる意志、大調和に基づく天命もちて、とってもありがたい先天《せんてん》の三《み》種《くさ》の大祓《おおはらへ》を称《とな》え奉《まつ》る

トホカミヱミタメ　甲《きのえ》乙《きのと》丙《ひのえ》丁《ひのと》戊《つちのえ》己《つちのと》庚《かのえ》辛《かのと》壬《みずのえ》癸《みずのと》　祓《はら》ひ給《たま》ひ　清目《きよめ》出給《でたま》ふ

トホカミヱミタメ　子《ね》丑《うし》寅《とら》卯《う》辰《たつ》巳《み》午《うま》未《ひつじ》申《さる》酉《とり》戌《いぬ》亥《い》　祓ひ給ひ　清め出給ふ

トホカミヱミタメ　乾《けん》兌《だ》離《り》震《しん》巽《そん》坎《かん》艮《ごん》坤《こん》　祓ひ給ひ　清め出給ふ（何回でも）

〔カルマ昇華の真言〕

合掌した手の中指をノドの付け根に向けて触れ、頸椎《けいつい》のところにある大椎《だいつい》に向けて、光を貫くように昇華していきます（103ページイラスト参照）。

とってもありがたいカルマ昇華《しょうか》の真言《しんごん》もちて、わが前世・先祖のカルマを昇華し給へ

ナム　ニケンダ　ナム　アジャハタ　ソワカ　ナム　アジャラ　ソワカ

インケイイケイ　ソワカ

〔ひふみ祝詞〕

とってもありがたいひふみ祝詞を称え奉る

ひふみよいむなや　こともちろらね　しきるゆゐ《い》つ　わぬそをたはくめか

うおゑにさりへて　のますあせえほれけ

〔神語〕

とってもありがたい神語を称え奉る

幸魂《さきみたま》 奇魂《くしみたま》 守《まも》り給《たま》へ 幸《さき》へ《は》給《たま》へ（三回セットで称えます）

私はこれらの神言・真言を各種講座で指導しています。

「昨年三月の金運＋目的別開運法講座と九月の自神拝＋願望実現法講座を受講しました。シートに冬のボーナスの希望額を記入して、いろいろ実行していたところ、希望額より五万円以上もいただけました。また、わが社は一月に昇給があるのですが、一万円アップでもいい方なのに、一万八〇〇〇円もアップしました。さらに主任に昇格し、金運アップを実感しています」（京都府・Kさん）

Q. 仏壇の下にお金を入れているのですが。

A. 仏壇の引き出しに、財布やお金関係の書類などを入れてはいけません。泥棒のねらい目になりますし、お金がいつもすぐそばにあるとご先祖さまも落ち着きません。神棚も同様で、神棚の下にお金関係のものを置かないようにしてください。

お金やお給料をいただいたら、自分で使う前に、神棚や仏壇にまずはお供えします。神棚のある人は神棚にお供えすると、神仏の恩頼《みたまのふゆ》（ご神徳）・ご仏徳《ぶっとく》をいただけます。「おかげ様でお給料をいただきました。ありがとうございました」と感謝してお供えします。ご先祖様にお供えすると、ご先祖様が霊界でお金のエネルギーを潤滑油として使えます。お金は霊的要素があるわけです。そういう面では天の倉、幽《ゆう》の倉が豊かになります。

私はお給料をいただくと自宅の神棚にお供えして、「おかげ様で、今月も無事に過ごさせていただき、お金を稼ぐことができました。誠にありがとうございました」と申し上げます。次に仏壇にお供えします。ご先祖様に感謝とご開運のお祈りをすると、ご先祖さまがお金の気を受け取ります。

神仏は、お金に直接作用するのではなく、運気に作用します。まっとうな方法で稼いだお金は幽の倉にいき、あの世の潤滑油になるようです。幽の倉（あの世）、顕の倉（この世）の両方を満たすと、それが今度私たち子孫に返ってきます。

逆に、先祖が悪いことをして作った財産は、子孫に財産を食いつぶす人間が現れたり、詐欺に遭ったりして清算されていきます。お金の霊的ケガレを祓うためにも、一族的トラウマを清めてください。

給与が銀行振り込みの人は、通帳をお供えするとよいでしょう。お金をいただけるのも、神仏やご先祖さまの加護のおかげです。「いただいた収入を有意義に使わせていただきます」とお礼を申し上げて、お下がりのお金を使います。

ちなみに、神棚の真下に仏壇がある家庭を見かけますが、ご先祖さまはすぐ上に神さまがいつもおられると緊張してしまいますので、神棚と仏壇は別々の場所の方がよいでしょう。「神―仏―先祖」が順序であり、その下に子孫である現世の私たちということになります。

Q. 確実に貯蓄を増やす方法はありますか。

A. 金額そのものよりも、お金を貯める習慣をつけることが重要です。貯蓄は「小を積み上げて大となす」のが基本です。貯金が貯まるための原則は毎月、定期的に入れることと、ムダな出費をしないことです。最初から多額の貯金をしようとしても、すぐ挫折しますから、生活にムリのない範囲で貯蓄をします。毎月貯金した方が、時々貯金するよりも貯まります。毎月、貯蓄に回す金額を決め、その分を天引きするのがよいでしょう。

◎**「収入―貯蓄＝支出」というパターンにします。**貯まらないのは、収入から支出を引いて、余った分を貯金しようという発想法だからです。臨時収入やボーナスは、プラスαとして考えます。家計にもビジネス感覚が必要です。自分の家計について、〝有限会社○○商店〟という認識で、社長として家計を考えていきます。貯蓄は家計の利益です。生活のムダを減らして、貯蓄を増やせば、ゆとり資金を堅実な投資に回せます。

◎**「生活・自己年金（貯蓄）・自己投資」の三つの目的別通帳を作るとよいでしょう。**生活費関係は一つの通帳に集約すると、支出の全体が把握できます。分散すると支出の多さが実感できません。二つ目は「自己年金」用の貯蓄用の通帳です。なるべく引き出しにくくしておきます。カードはあまりもたないようにします。余裕がある人は三つ目として、「自己投資用」通帳を作るとよいでしょう。「自己投資用」のお金は、資格取得や学び、将来の独立用など、自分の人生設計や成長と研鑽《けんさん》のために使います。

預金通帳などを月に
１回以上は必ず観る

◎**一カ月に一回以上は通帳を観る習慣をつけます。**この習慣はお金を引き寄せ、資産を形成していきます。預金通帳を観て、「おかげ様でありがとうございます。財運アップ！　金運アップ！」と念じます。増えていたらニッコリし、「おかげ様で、ありがとうございます。〇〇円貯金した。よくやった。われながらたいしたものだ」と自分をほめます。

時々、財布のお金や貯金通帳、資産関係の書類に向かって、「おかげ様で、ありがとうございます」と感謝するとよいでしょう。

◎五〇〇円玉専用の貯金箱を置いて、こまめに貯蓄します。小銭を貯金箱に入れるのもよいですが、一円、一〇円だとなかなか増えているという実感が湧きません。その点、五〇〇円ですと、二〇枚で一万円になり、貯金をしている実感があります。買い物をする時には、五〇〇円のお釣りがくるように支払います。たとえば、六四〇円の支払いだと、一一四〇円をレジに出すとよいでしょう。貯蓄する習慣にもなりますから、お勧めします。

Q. 古神道の金運アップ術を教えてください。

A. 古神道には「開運の六霊《むつたま》」といって、「数霊《かずたま》・言霊《ことたま》・音霊《おとたま》・形霊《かたたま》・色霊《いろたま》・香霊《かたま》」があります。この六霊を活用して、私は開運・金運を呼び込む古神道気学インテリアを指導しています。古神道気学インテリアは、古神道秘伝開運法と九星家相学、風水、色彩運命学をブレンドしたものです。

金運の高まる財布の色は金色、黄色、茶色系統です。黒やグレーはお金が貯まりにくいです。折り畳み式の財布より、長財布がいいでしょう。財布の中に金紙を入れるのもよいです。これは「類は友を呼ぶ」という天地自然の道理からきています。私が開発した財布用の特製「金運カード」の体験談を紹介します。

「金運カードを早速購入し、五月一九日から財布に入れています。二週間ほど過ぎた六月一日に、主人が会社で月給一〇万円アップのお話をいただきました！　実際に昇給するのは六月末の給料からですが、あまりにも早い効果にびっくりです。年収にしたら一〇〇万円以上のアップです！

また、五年ほど前に山田先生が『お金を純金や債券に換えておいた方がよい』とおっしゃっていたので、使う予定のなかったお金を債券にしていました。先日、それが満期になったと連絡がきたのですが、なんと四〇〇万円が約六〇〇万円になって返ってきました！」（愛知県・Ｙさん）

「金運カードを財布に入れた後、お金が出にくくなり、変な出費がなくなった」という声もあります。

お札は金額の大きいお札順に並べ、同じ向きになるように天地左右、裏表をきれいにそろえ、はみ出したり折り曲げたりしないようにします。

財布は家の北側の部屋に置くとよいでしょう。財布は大切なものですから、黄金や黄色などお金を連想させる財布用座布団に置くことをお勧めします。私は黄色の箱の中に、黄色いハンカチタオルを二つ折りにして、その上に財布を入れています。財布を上着のポケットに入れたままですと、財布が落ち着きません。自分が財布になったつもりで、財布が喜ぶことをするのが金運アップにつながります。

神社や神棚にある円鏡は、太陽をあらわす神具です（鏡立てが雲、または波）。鏡は反射力で邪気をはね返す力があります。したがって、心身の健康にも良い影響を与えます。

風水では、金運アップの方法として玄関のそばに鏡を置く方法が知られています。日本人はお金のことをあらわす際、親指と人指し指で〇をつくります。まさしくお金とは「円」なのです。さらに円は〈縁〉に通じ、良い人脈が金脈を呼びます。

鏡は三〇センチ以上の円鏡が効果抜群です。破邪力《はじゃりょく》（邪気《じゃき》祓い）としての「古神道の形霊《かたたま》」として、すぐれています。

玄関から入って左側に円鏡をかけると、金運アップと破邪になります。鏡の高さは自分の顔がちょうど見える高さです。ただし、玄関の両サイドに鏡を置くと相殺されますので、ご注意ください。

私は特製の金運鏡（円鏡の枠が淡い金色で、裏側に大きな丸い黄色のシールに黒文字で、易の「地天泰《ちてんたい》」の卦が描かれている）を自宅と会社、セミナールームの玄関から入って、左側の壁にかけています（イラスト参照）。地天泰とは、「天地和合、天下泰平、陰陽調和」をあらわす大吉の卦です。

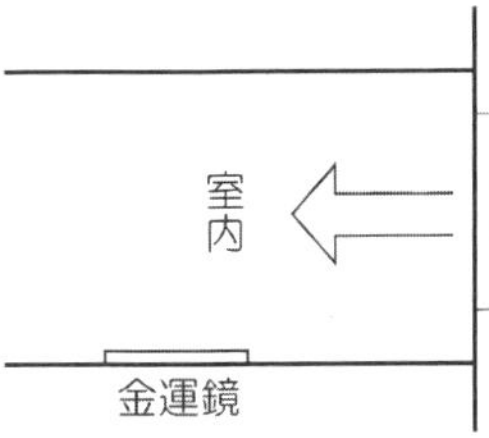

家相学では、鬼門（東北）は「気門」「貴門」であり、裏鬼門（西南）もさまざまな気が入りやすい方位です。したがって、玄関は鬼門や裏鬼門を避ける方がよいのです。玄関が鬼門や裏鬼門にある場合、輝く太陽をあらわす金運鏡は、鬼門・裏鬼門除けにもなります。

玄関前の円鏡に写った自分にニッコリして、「おかげ様で、ありがとうございます。金運アップ！」と笑顔開運法を行います。私自身も、金運鏡をかけてから、今まで以上に豊かな人生になるためのアイデアが湧くようになりました。

「わが家の玄関にも金運鏡がかけてあります。すぐ横に窓があり、以前は入ってくる風がイヤな感じだったのですが、金運鏡をかけてから、さわやかな心地よい風が入ってくるようになりました。

それで、金運鏡を叔母にプレゼントしたのですが、その家に住む叔母がなんと一〇〇万円をくれました！　それは叔母が結婚前に貯めていたお金を、利息や運用で増やしていったもので、私の母が亡くなってから誰も住んでいない実家の手入れに使ってほしいとのことでした。とてもありがたかったです」（東京都・Fさん）

また、「お客さんが入りやすくなって、客数が増え、売上げが上がった」という話もよくあります。

第5章

陰陽調和の連結思考で、ゆとりのある人生を歩む

人生すべてを連結させて、相乗効果をはかる

時間にゆとりができる「連結思考」を紹介します。多くの人は、「仕事、家庭、健康、神仏、趣味、人間関係、文化活動」などを別々に考えています。「仕事は仕事、家庭は家庭、神仏は神仏」とバラバラに考えているのではないでしょうか。

しかし、すべては自分の人生の中にあります。人生は本来、バラバラに分割できるものではありません。人生のいろいろな要素を、分割ではなくて、連結させていくことです。バラバラに考えていると相乗効果にならないのです。仕事でも家庭でも趣味でも、連結できるものはなんでも連結させていくことです。

充実した人生にするために、神社・仏閣（寺院）開運法や宿命・運命の清めと改善法と、人生すべてを連結させて一石数鳥をねらい、相乗効果をはかることです。神仏の守護や後押しは人生すべてに活用されるようにします。「仕事と家庭、健康、神社・仏閣開運法を相乗効果にするには何をすればよいか」と自問自答するとよいでしょう。

寿命とは時間ですから、生命とはある意味で「時間の長さ」とも言えます。時間を大切

にして、メリハリをつけることが、生命を大切にすることになります。時間の質と密度を高めることです。金欠病とは〝経済的な生活習慣病〟です。「貧乏ヒマなし」です。時間をどう使うかによって、豊かさも開運も違ってくるということです。

〈イベント時間〉といって、人生は何を行なったかで、濃度が決まってきます。人生を二倍以上の質に高めましょう。そして、ユトリをつくり、休養や体のケアを行ないます。ユトリが創造性のあるアイデアを湧かせます。

開運法を学んでも、「それはそれ、仕事は仕事」と別に考えては意味がないのです。

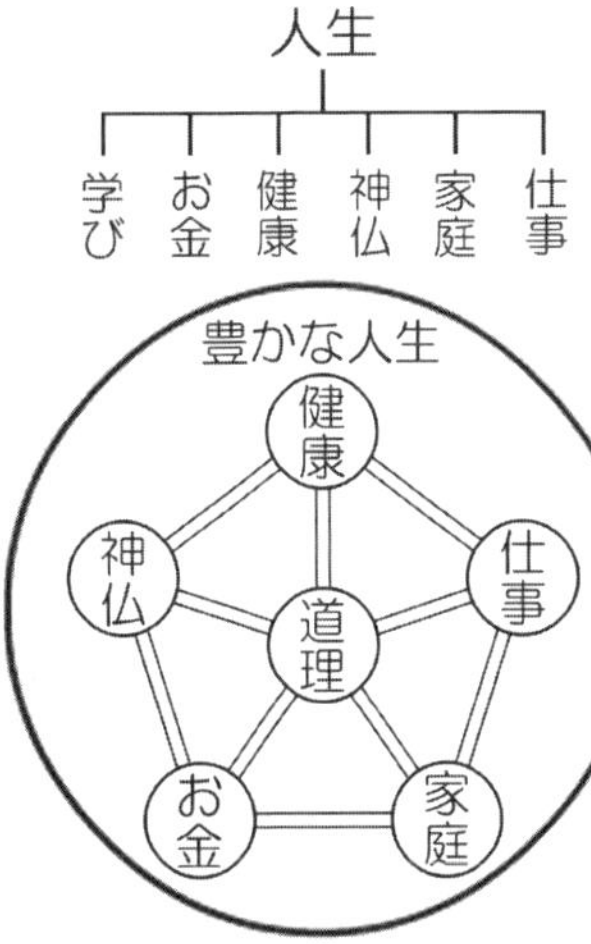

すべての事柄を連結させて
相乗効果をはかる

男性で、「仕事のことは家庭にもち込まない」という人がいます。仕事でうまくいったことは、家庭でも応用すればよいのです。営業の人で、仕事ではいつも「ありがとうございます」と言っているのに、家では「ありがとう」と言ったことがないという人もいました。仕事での良い習慣は家庭にも応用すればいいのです。

連結思考で時間の質を高め、ゆとりのある人生にする

旅行では誰でも予算はいくら、交通機関は何を使う……と計画を立てます。しかし、人生のプランを立てているかというと、ほとんどの人が立てていないのではないでしょうか。仕事では事業計画を立てているのに、結婚ではいきあたりばったりの人もいます。「縁があれば」「好きになった時に……」という思考ではうまくいかないのです。

仕事でも健康でも、プランを立てた方がよいのです。体重〇キロ、体脂肪は〇〇％、などでもいいのですが、さらに最重要な人生のプランを立てることをお勧めします。

私は二〇代のサラリーマンの頃は「連結」していませんでした。仕事が終わると、「あー、終わった」で、あとはお酒を飲んで、仕事のことは忘れようとしました。三〇代の半ばで自営業を始めたら、仕事も家庭も一緒になってしまいます。

そこでふと考えました。どうせなら、効果がある方法はすべてに応用しよう、と。皆さんも何かうまくいったら、ほかのジャンルにも応用できないかと考えることです。「仕事と家庭、健康を相乗効果的によくするには何をすればよいか」と自問自答するクセをつけ

るとよいでしょう。

経済用語で「ドッグ・イヤー」という言葉があります。これは、「過去の七年で起こったことが一年で起こる」ことで、世の中の変化が、過去の七倍の速さで起こることを意味しています。情報化時代は時間のスピードが違っているのです。

今を大切にして、今の質を高めます。物心ともにゆとりのある人生にするために、「時間の短縮と効率化」を目標にします。**「何をすれば、一時間の仕事を五〇分に短縮できるか」「何をすれば、一週間の仕事を四日間ででき、成果も高めることができるか」「時間を一まとまりにするには何をすればよいか」「何をすれば、一年に一度くらいは大きな休暇を確保できるか」**と自問自答します。掃除でも、一時間かかるところを四五分でやるには何をしたらいいかと工夫します。〈時間の短縮術〉の上達も、開運の技術の一つです。

「がんばる」から、「上達する」へ思考を変える

日本人は「がんばる」という言葉が好きです。「がんばる」とは、〝頑固に自我を張る〟という意味で、がんばり続けますと、だんだん頭が固くなります。「がんばる」は〝無理

をするパターン〟になりやすく、「無理が通れば道理が引っ込む」で、後でリバウンドが起きやすいのです。がんばりすぎると「燃え尽き症候群」になりかねません。また、がんばって無理をすると、ネガティブなシャドーコンプレックスが蓄積されます。

「がんばる」は量的思考であり、「上達する」は質的思考です。上達（レベルアップ）すれば、少ない時間で大きな成果をあげることができます。現在は、量でがんばるよりも、創意工夫の質で結果を出す時代です。「成長する」「上達する」は自分を対象にしています。「成長する」「上達する」という発想が、明るくポジティブな感情になります。

上達することは成長することです。意識としては、仕事も家庭も、「毎回上達する」と思ってやってみてください。時間を短縮するのも上達です。時間を短縮するのが上手になるわけですから。ゆとりがないと創造力は湧きません。今まで五回でやっていたことを三回ですませるように心がけ、余った時間でゆっくり休むようにしましょう。

日本人は練習ではうまくいくのに、本番ではうまくいかない人が多いようです。本番では緊張して力が出せないという人は、本番と練習を分けているからです。それを「練習思考」といいます。練習を〈本番〉で行なえばよいのです。

人生も「本番思考」で生きるのです。八〇年の人生で、「これは練習だから」というわけにいきません。人生にはサッカーの試合のようにロスタイム延長はないのです。すべて本番です。野生動物が獲物を捕れるかどうかはすべて本番です。

失敗や交通事故も、リセットはできません。交通事故を起こすのも、本番意識が弱いからです。「これは仮にやったことだから」というわけにいきません。失敗や事故が多い人は「練習人生」になっているのです。そういう方は、一度自分の人生を振り返ってみましょう。そして、練習のうちから常に本番を意識してやるようにします。そうすれば、本番の時に実力を発揮できます。

本番を積み上げていく

一流選手は本番の方が上手です。最初からすべて本番だからです。練習の時点で、本番を想定し、最初から本番として行なうことです。そうすると、本番で上達します。そして、本番が次の本番をさらに上達させます。私も全部本番でやっていきますから、本番の度にどんどん上達していきます。

何かを習得しようとする時は、回数や時間を目標にするとよいのです。○回で覚えようとか、時間を目標にしながら、どんどん上達していきます。

通常パターン　手本①・練習①・練習②・練習③――**本番①**
手本②・練習④・練習⑤・練習⑥――**本番②**
本番思考パターン　本番（手本）①・実践本番②・実践本番③――**本番④**
本番（手本）⑤・実践本番⑥――**本番⑦**

本番思考とは、手本の段階、すなわち手本を見ている時から、本番だと思うことです。練習の時は実践本番です。これだと実際の本番の時には四回目、七回目の本番になります。三回の練習よりも上手になるに決まっています。

また、何事かを習得する際、「観る力」をつけていきます。お手本と自分をはっきりと重ね合わせて、動作を覚えます。お手本を観ることも本番だと考えます。その場で即習得すると決めて行なうと、実際に早く習得できます。そうすることで、人生の時間にゆとりが出ます。

練習を始める前、あるいは実際の本番を始める前に次の言霊を称えると効果的です。

◎本番の言霊

「今、私は上達する。私は毎回必ず上達する。本番はもっと上達する。本番の出

来はすばらしい。本番の数が増えれば、増えるほどもっと上達する」

陰陽を調和させると、新しい価値が生まれる

天地自然の道理の基本が「陰陽調和」です。表と裏、心と体、精神と物質、あの世とこの世、原則界と守護界、神と仏、意識と無意識、顕在性格と潜在性格、右脳と左脳、精神的豊かさと経済的豊かさ、男性と女性、父と母、攻撃と防御、東洋と西洋、与党と野党という形で、すべて陰陽になっています。

陰陽調和とは、陰と陽のバランスをとった上で陰陽のエネルギー運動を起こして、スパイラル（螺旋《らせん》）状に次元上昇させることです。これを昇揚《しょうよう》ともいいます。

東洋哲学では、陰陽を調和させると発展性や創造性が出て、太一《たいつ》という新たな価値が生まれると考えられています。陰陽調和すると、いろいろな価値が生まれてくるということです。このように、**陰陽調和とは「新たな価値を生み出す積極的なレベルアップ法」であり、その前提として、陰陽のバランスをとります。**

身体では、利き手と反対の手を意識的に使うことで、全脳が活性化します。皆さんも、

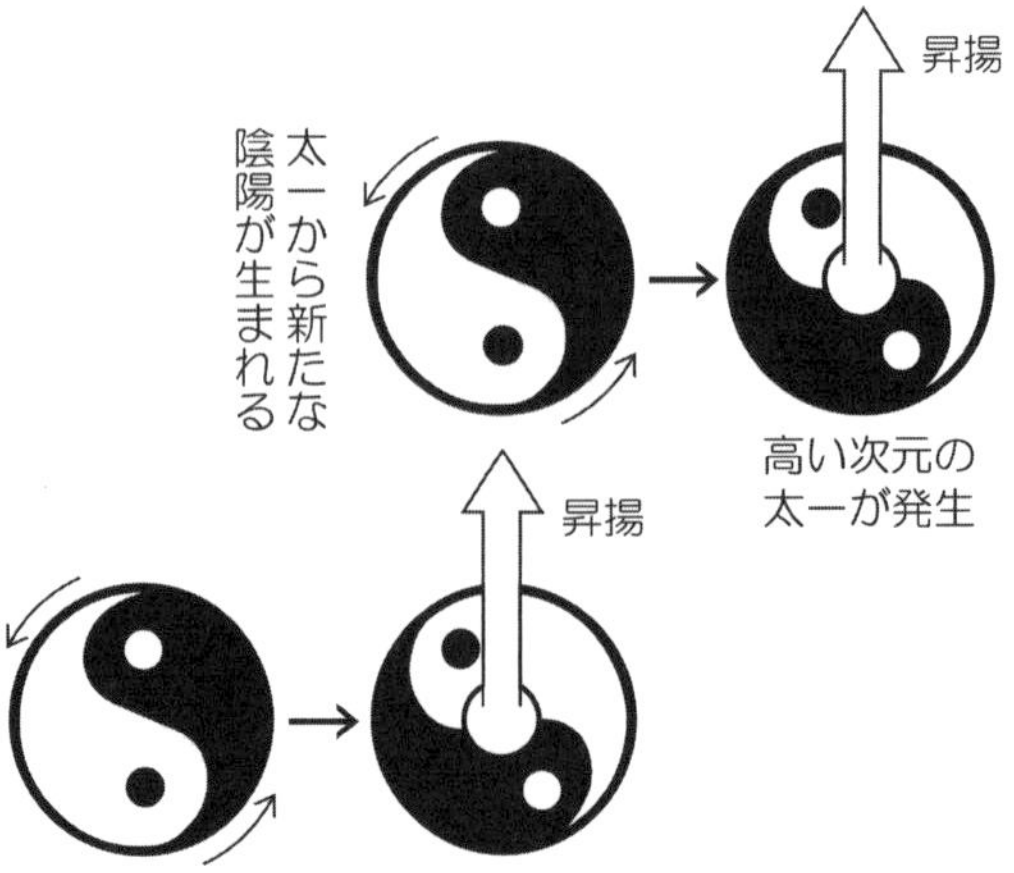

右利きの人は意識的に左手も使ってみてください。私も意識的に、歯磨きやひげそりは左手でしています。すると右と左の両方が活性化するのです。

政治でも、与党と野党が拮抗《きっこう》し、失政があったらすぐに政権交代が起こるのが望ましいのです。共産国家や独裁国家は一党独裁になり、チェック機能としての野党に力がありません。これらの国では、腐敗と専制が横行します。何事もバランス感覚が必要なのです。

自力と他力も陰陽であり、自力に対応した他力が発動します。自力と他力がエネルギー運動を起こすと、開運し、豊かな人生へと次元上昇するのです。

日本神話では、「太一・陽・陰」の働きを

造化三神《ぞうかさんしん》（天御中主大神《あめのみなかぬしのおおかみ》・高皇御産霊大神《たかみむすび》・神皇御産霊大神《かみむすび》）という形で表現していま す。造化三神とはまさしく、三つで万物の生成を行なうということです。

正しくても、偏っているとバランスが崩れ、陰陽調和しません。「過ぎたるは及ばざるがごとし」で、どんなに正しいことでも、偏るとヒズミができます。中道から陰陽調和になります。意識的に陰陽調和をはかっていった方がいいのです。精神的豊かさと物質的豊かさをバランスよく、両方大切にした生き方をするように心がけます。

私は二〇代から三〇代の初めまでは、精神的なものに重点を置き、経済的なものは二の次にしていました。その心のとおり、その当時は貧乏でした。しかし、子どもも二人授かり、世帯主としては貧乏のままではいけないと思い、自分を励ましながら、だんだん意識を変えていきました。

そうして三〇代半ばで独立しました。独立してからは度々、くじけそうな自分を励まし、なぐさめ、しっかりほめてきました。本の原稿に行き詰まると自分を励まし、出版できた時には自分をほめてきました。そうすることで、次の著作へと意欲を湧かせました。

また、さまざまな開運法を開発する度に、まず「すごいじゃないか。よく編み出せた、あっぱれだ。おかげ様で、ありがとうございます」と心から自分をほめたたえました（笑）。

自己評価を高める言霊を心の栄養にして、さらなる開運法を開発しています。

四〇代からははっきりと「陰陽調和」という思考で、精神と経済の両立をはかり、開運と豊かさを価値観の柱にしました。そして、本書で紹介しているさまざまな開運法や金運アップ術を駆使して、四〇代で年収は貧乏な頃の約一〇倍になりました。独立の際に目標としていた年収は実現したのです。五〇代になった現在では、健康に留意しながら、ゆとりのある仕事と生活を心がけています。

陰陽調和の昇揚法の自問自答術を口グセにする

私は開運カウンセラー養成クラスで、神道易《しんとうえき》を教えています。神道易とは数千年の歴史をもつ東洋占術の〝王さま〟である「易《えき》」に、古神道を融合したメソッドです。私の陰陽調和思考は「易」に由来します。同時に近代西洋思想の大家であるヘーゲル（一九世紀のドイツ人哲学者）が提唱した弁証法《べんしょうほう》に似ています。

弁証法は「正（命題・テーゼ）・反（反対命題・アンチテーゼ）・合（統合としての発展・ジンテーゼ）」の三つで論理を組み立てます。命題と反対命題の「矛盾（精神と物質、仕事と家庭など）」の中に発展性・創造性があり、矛盾を統合させることを止揚《しよう》（アウフヘーベン）といいます。

理想、または潜在的可能性の状態（正）＝テーゼ
現実の対立状態（反）＝アンチテーゼ
可能性・理想と現実を統合した発展状態（合）＝ジンテーゼ

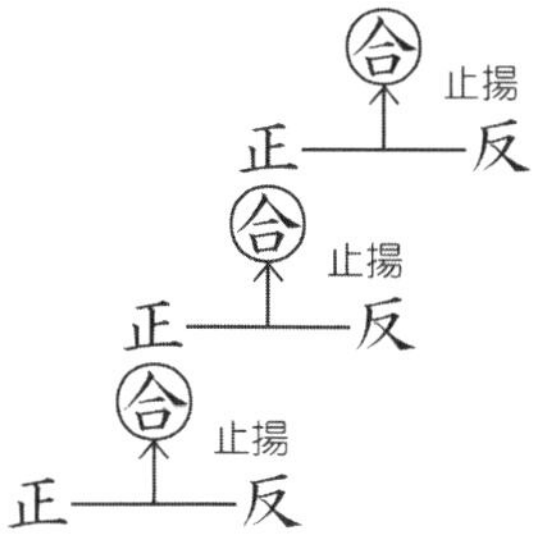

「合」の中にさらに「正」「反」があらわれ、新たな「合」が出来る

理想（正）と現実（反）には矛盾があります。「矛盾の解消」ではなく、「矛盾の昇揚」の視点に立ち、自己変革によって昇揚するのです。厄年や空亡（天中殺）では、その苦労や矛盾の中に自分の成長があるのです。

ところが、多くの人は、矛盾が出てきたら「イヤだな」で終わってしまいます。するとバージョンダウン（螺《ら》旋《せん》下降）を起こします。苦難を乗り切るにはとにかく昇揚という思考で行動することです。すると、バージョンアップ（螺旋上昇）があるのです。

お金の問題で、自分のやりたい仕事（理想）がやれない（現実）のも、正・反になります。矛盾があるわけです。それをいかに両方満たすようにもっていくか、というところに、自分自身の成長があります。多くの人は、「イヤな仕事だけど、金のためにはしかたがない」と割り切ってしまいます。逆に、「好きなことをやってお金がないのはしかたがない」という人も多いのです。「両方満たすには何をすればいいか」を考えることが成長につながり、人生で上達することになります。

「こっちを立てれば、あちらが立たず」というように、自分の利益と相手の利益、自分の利益と会社の利益、会社の利益と顧客の利益、自社の利益と社会の利益が対立・矛盾する場合があります。その際、しかたがないと割り切らないで、どちらもOKにしていくことが智慧であり、そのために昇揚することです。企業でも個人でも、アウフヘーベンを常に起こしている人がレベルアップします。

失敗の中に成功への発展性があるのです。成功がテーゼだと、失敗がアンチテーゼになります。失敗を成功の糧になるように昇揚することです。**矛盾や対立が起きてきた時こそが、自己の飛躍のチャンスです。**私自身、現実にバージョンアップする時は、その前にトラブルがあった時が多いのです。

夫婦の関係もそうです。夫の利益と妻の利益が矛盾を起こします。でも実は、矛盾の中に、もっと自分たちがステップアップするチャンスがあるのです。「矛盾」と向き合い、調和のために創意工夫していくことが成長につながります。

弁証法の「正・反・合」は、陰陽論では「陽・陰・太一《たいつ》」に対応します。〈対立・矛盾〉という概念でとらえているヘーゲルの弁証法を、東洋的な〈陰と陽の調和による昇揚〉という視点でとらえ直すと、たくさんのことに活用できます。多くの人が「AとBではどちらがいいか」「善か悪か」「正しいか間違っているか」という二者択一思考で考えています。「AかBか」ではなく、「新たなCがないか」と考えるのが智慧です。智慧とは次元のアップなのです。

連結思考をもって、陰陽調和による可能性を念頭に置くと、自分が開運するステージにステップアップさせるための「創意工夫」が上手になります。自分の人生だから毎回創意工夫してレベルアップさせることです（参考・『使える弁証法』田坂広志著、東洋経済新報社）。

二つの事柄がある場合は、「何をすれば陰陽調和するか」と自問自答します。

「AとBの長所を満たすCは何か。何をすれば陰陽調和するだろうか」

「Aはここが良いが、あの欠点がある。Bはこれが長所だが、そこがまずい。何をすれば陰陽調和するだろうか。二つの長所を合わせた新たな価値Cに昇揚させるには何をすればよいか」

「会社の利益と社会貢献を陰陽調和させるには、何が可能だろうか」

と考えるようにするのです。

少しずつの改良・改善が自己変革をもたらす

開運カウンセリングにおいて、相談者から「本当はこうしたいのだけど」という言葉をよく聞きます。私は「本当にしたいことを我慢していると、ネガティブなシャドーコンプレックスが増大して、身体によくないですよ。本当にしたいことができるようになるための準備を始めたらいかがですか。将来それができるようになるために、『今、何が可能か』『何を改良できるか』を二人で考えてみましょう」と話しています。私の経験からも、やりたいことを我慢していると、病気となってシャドーコンプレックスが噴出します。

開運カウンセリングで、「自分を変えるにはどうしたらよいですか」という質問を受けることがあります。自分を変えるには日々、改良していくことです。少しずつの改良・改善を楽しみましょう。大きな変化は日々の改良の積み重ねから起きます。

以前、ＮＨＫの番組で、日本の長寿企業の特集がありました。二〇〇〇年以上続いている企業の数では日本が世界一だということでした。この番組で、長寿企業になる秘訣は「本業に専念すること」「常に少しずつの改良を行なうこと」などを挙げていました。人生も同様に、少しずつの改良・改善を行なうことが開運のコツです。

　ここで、自己変革へのステップを説明しましょう。

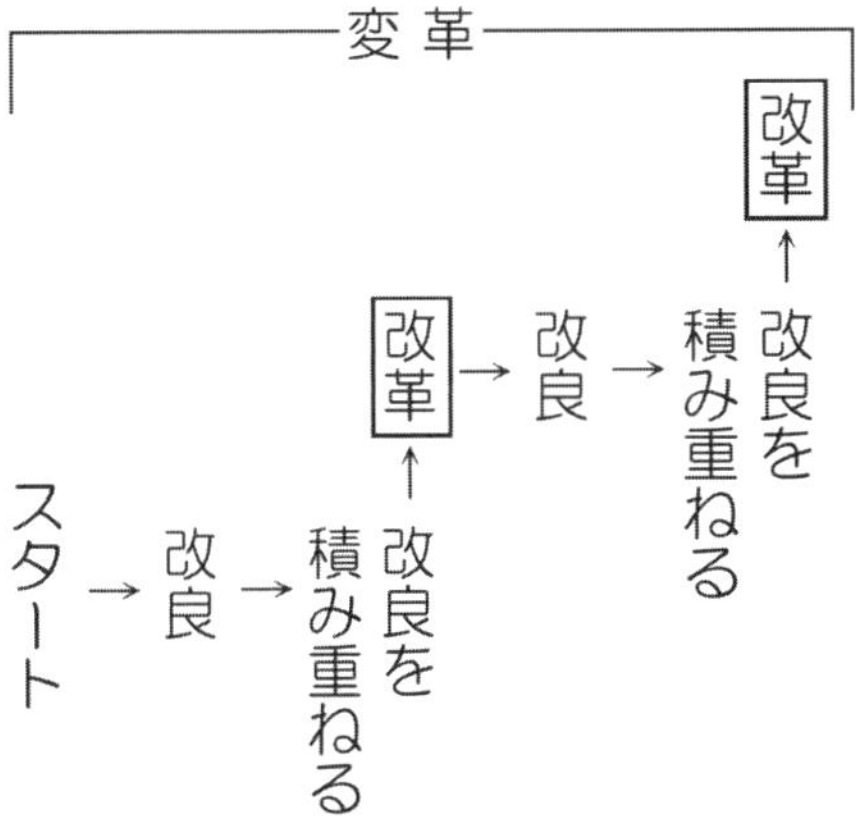

改革の連続が変革になり、変革の積み重ねが革命を起こす

◎**改良・改善**……少しずつ現状をより良く変化させることです。日頃から、改良・改善主義でやっていきます。

◎**改革**……改良・改善を行なう中で、ある段階にきたら不都合な内容を大きく変えてしまうことです。逆にいいますと、日頃の改良なくして、改革を行なうのは無理です。

◎**変革**……改革が何度も起きると、変革につながります。最初の改革からさらに改良を続け、その積み重ねから、再び改革が起きます。その繰り返しが上達・成長になり、ついに自己変革が起きます。

◎**革命**……体制そのものがまったく変わるのが、革命です。現在は人類の意識と価値観の革命の時代です。そのためには、楽しく上達（改良・改善）を行ないましょう。

自力と他力の陰陽調和で、人生を創造する

自力と他力も同様です。自力と他力（守護のご存在）は車の両輪であり、自力の動きに応じて他力が発動してきます。神仏や霊的な世界だけに行きすぎると、アウフヘーベンが起きないのです。神仏は、人間が発展し創造的になることを望んでいるのです。自力と他力を陰陽調和して、人生を創造していきましょう。

神社参拝や祈願だけ一生懸命やっても、自分がやるべきことをやっていないと、なかな

か願望は実現しません。神仏は人間の思念エネルギーを使って願望実現を後押しするので、行動が足りないと願望が実現しにくいのです。

産土信仰は開運の基礎であり、死後の安心になります。工事でいうと基礎工事にあたります。基礎がしっかりしていないと、どんなに立派な建物を建てても砂上の楼閣《ろうかく》になってしまい、災害があれば崩れてしまうこともあります。産土信仰が基礎工事であり、それから自分で建物を建てていくということです。

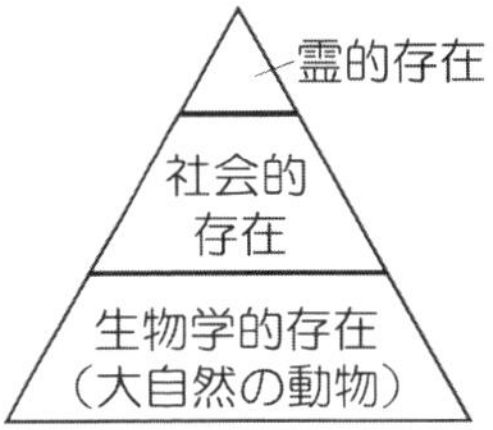

人間は３つの要素で成り立っているので、バランス良く行う

人間が前に進むことで、神仏が後押ししてくださいます。「運も実力のうち」といわれるように、成功した人は運がいいのです。運には見えざる他力が働いています。苦境を乗り切るには、守護のご存在からのバックアップは欠かせません。

結果を出す秘訣は、自力と神仏の恩頼《みたまのふゆ》・ご仏徳と、宿命・運命の清めと改善の三点セットがいいのです。自力と他力が調和した時に、大いなる成果が生まれます。

さて、人間は「霊的存在（一霊四魂）」「社会的存在（家族、経済、文化）」、そして、土台（器）としての「生物学的存在（動物）」の三つで成り立っています。一つに偏らず、中道の精神でそれぞれをバランスよく行なっている人が人生の達人です。

「霊的・社会的・生物学的存在」の三つのバランスが崩れ、どれかに偏っている（無理をしている）時、天はトラブルや病気という事実をもって示してくれます。

東洋と西洋の陰陽調和で、人類の危機を乗り切れ

全体的にいうと、東洋人は陰陽論で多くを考えています。しかし、陰と陽とは一体なのです。太極図は陰陽一体論をあらわしています。陰陽論だと、対立概念はないのですが、創造・発展性の昇揚が弱いのです。「運命だからしかたがない」とか、その矛盾をいかに解決していくかという視点が弱いのです。

逆に、西洋の弁証法は「対立・矛盾」という捉え方に欠点があります。対立概念はマルクス主義や環境の破壊、戦争を生みました。対立という思考の力でそうなってしまうわけです。

ですから、陰陽に「調和・昇揚」を加えた思想が重要になってきます。これは文明だけ

ではなくて、一人ひとりがそうです。陰陽でとらえる調和的昇揚の創造性・発展性を加えた、これも東洋と西洋の陰陽調和を起こせばいいのです。

今は人類の中に大きな矛盾が起きています。経済活動と地球温暖化をどうするか、核兵器の縮小、民族・宗教紛争の激化など、人類のシャドーコンプレックスが噴出している状態です。そうしているうちに地球が危なくなってきています。人類は自ら危地に赴きつつあります。

西洋文明は産業革命というアウフヘーベンによって発展しました。「速く移動したいという欲求はあるが、現実は馬しかない。なんとかならないか」ということで、自動車を発明しました。このようにアウフヘーベンを起こしながら、西洋文明は発展していったのです。

しかし、対立概念は多くの戦争・紛争を起こしてきました。アメリカが始めたテロとの戦いによって、テロは世界中に増殖・拡大しています。実は戦うことはさらに敵を作っていくことになります。**テロと戦うのではなく、テロが起きる原因を探り、テロを起こさないですむ対応策を打っていくことです。**これが陰陽調和思考です。

易には「沢《たく》火《か》革《かく》」という卦《か》があります。文字どおり、「革命」という意味ですが、「自己変革によって、現在の矛盾を昇揚し、新たな段階に飛躍する」ということです。そして、陰陽調和された状態を「地天泰《ちてんたい》」といいます。地天泰とは「陰陽調和、天下泰平、天地和合」という意味です。今こそ、東洋の精神性、天地自然と共生する生き方と西洋の科学文明を陰陽調和させて、新しい次元の天地自然と調和する文明を創り出していく時期です。

緑化をしていくことが、人類の開運につながる

豊かな人生とは天地自然を愛し、情緒豊かな感性や経済的なゆとりを持つことです。地球は私たち人類をはじめ、生きとし生けるものを恵み、育んでいます。そのご恩に深く感謝し、地球との共生（エコライフや緑化、植樹）をはかり、価値観・行動を人間中心でなく地球主体にすることが、地球に味方する生き方です。

人類は今まで人間中心の生き方をしてきました。それが大自然から離れ、大自然を破壊することで、自分たちの首を絞めることになっています。人間中心から、地球中心にすることです。また、私たち人間は動物ですが、植物が動物を生かしているわけです。今後は、動物を生かしてくれている植物中心の価値観に変えることです。

ご承知のように、地球温暖化の影響で、年々集中豪雨などの異常気象が頻発するように

なりました。地球温暖化対策では、温室効果ガスの削減も大切ですが、なかなか厳しいものがあります。むしろ二酸化炭素をたくさん吸ってくれる森林を増やすことが効果抜群です。

一本の木はその生育中に、一トン以上の二酸化炭素を吸収することができます。森林は空気を浄化し、自然のダムとして水害や土砂崩れ、防風、防潮、干ばつの被害が大きくなることをくいとめる働きをしています。また、気温調節、雨量調節をして気候をやわらげます。さらに「森が海を育てる」ので、海の砂漠化を防ぐ効果があります。

森林は生態系の貴重な生産者であり、人類を含めた生態系維持のためには最重要な場所です。森に接すると人間の心は安定し、森林が出すフィトンチッドは心を癒し、健康増進につながります。したがって、森を増やすことが急務になります。

また、人類の歴史において、戦争や紛争による大量殺戮《さつりく》（ジェノサイト）の前には森林の喪失や環境破壊が起きています。戦争そのものが大規模な環境破壊です。イラク、アフガニスタン、アフリカなど現在の紛争地をテレビで見ましても、多くが荒地か砂漠の地域です。荒地や砂漠が増えますと、人類の心が荒れて、心が砂漠化してくるのです。逆にいいますと、森林を増やすことで、人類の心に潤いが生まれ、「心の森」がよみがえります。

森林を増やすことが地球にとっても、人類にとっても、最重要なことだと私は考えています。鎮守の森が豊かになると、神仏の御神威・ご仏徳も増しますので、植樹は一石数鳥になります。私は大自然との共生という理念のもと、「まほろば基金」を設けて、鎮守の森への植樹、全国の神社への社号額、しめ縄、神具のご奉納、自然を守るためにエコロジー団体への協賛をしています（平成二〇年現在で、のべ一五〇社以上になります）。

読者の皆さんも、神社や仏閣へ参拝した際は、袋に「緑化用」または「植樹用」と書いて、おさい銭を入れるとよいと思います。大自然を愛でる人を神仏は特に愛して、後押しをしてくれますから、それを実行することで、「緑化開運法」になります。

天地自然を「人類の師」として、「うぶすなの心」で生きる

古神道は別名、「神ながらの道」といわれています。「神ながらの道」とは「神とともに歩む」「神さながらに生きる」「神人同質」「神人和楽」などの意味がありますが、天地自然の道理のままに生きることであります。

古神道は「天地自然をもって教典となす」をモットーにしています。天地自然の営みの

中に人間の学びがあり、「神ながら」とは天地自然のバイオリズムに順応して生きるという意味と、大自然を愛し、天地自然の恵みを楽しみ、大自然とともに生きるという意味です。美しく、見事な人生を歩むことを理想としています。

万物は無常です。万物は変化して止まないのです。人生も常に変化・流転します。変化に対応できる人が、人生の成功者になります。天地自然の道理に順応して行動すれば、神仏は大いなる守護を発動させていきます。

また、**神仏は天地自然を愛でる人を特に愛します。なぜなら、神仏は天地自然に宿っているからです。**自分の価値基準での「正しさ」ではなく、天地自然の道理を行動の軸にすることです。

算命学の宗家・高尾義政先生は、次のように述べています。

「自然の摂理はそのまま人間の摂理でもあるのだということであります。それゆえに人間に人間としての道を知らせてくれる師こそ、自然界そのものなのだといえるわけです。人間小宇宙論が後世に残した最大の教えはこのことで、『人間の師は即自然界である』ということだったのです」（『東洋の予知学』高尾義政著、高尾学館算命出版より）

まさに至言です。老子は「人間は天地の根本原理を理解・体得することで、道（タオ）、天、地と並ぶ地位を獲得することができる」と言っています。私たちは常に天地自然を師とし、「天地自然の道理」で判断し、行動していくことが開運への道となるのです。

私たちは地球とつながっています。産土信仰はグラウンディングから発した信仰です。単に産土神社を拝むだけでなく、自分自身のふるさとや家族を大切にし、ご本尊さま・仏尊やご先祖さまを大切にしましょう。

地球温暖化が加速しているのは、大地に対する感謝、「うぶすなの心」を忘れたからです。神仏は大自然を愛し、うれしく、楽しく、おもしろい気持ちと感謝の念をもった人間を無条件で守護します。他の生命を活かそうとする人間は、他の生命から生かされます。

日本人は昔から、「天地自然への敬意」をいだき、天地自然を拝み、その恵みに感謝して共生をはかってきました。自分の人生を大切にし、生きとし生ける生命を大切にし、生命を育む天地自然を拝するのが「うぶすな」という生き方なのです。

付章

厄年・空亡（天中殺）・ピンチを乗り切る開運法

厄年や空亡（天中殺）は自分のシャドーコンプレックスが噴出する時期

私は四〇代前半、厄年と空亡（天中殺ともいいます）が重なり、二、三カ月に一度はトラブルに見舞われそうになりました。その際、古神道の秘伝開運法や神社・仏閣開運法などを創意工夫して新しい開運法を編み出しました。そして、自分で実行して大難を小難に、小難を無難にして、大過なく乗り切ることができました。その経験をベースにした開運法を以下で公開します。

厄年でのトラブルは、主に肉体的バイオリズム（心身の生活習慣）が原因で発生します。厄年は節目になりますが、男性では特に数え年二五歳、四二歳（若い頃の疲れが出る）、六一歳（還暦過ぎ）を本厄とするようになりました。女性は一九歳、三三歳が特に注意すべき厄年とされます。女性は「閉経前後」も一種の厄年と考えて養生を心がけましょう。

厄年（前厄・本厄・後厄）は「役年＝地球、大自然、神仏や先祖、社会の役に立つ時」ととらえます。厄年は肉体的な節目で、心身が不調になる人が現実に多いのです。それまでの不摂生《ふせっせい》が、厄年の三年間に表に出やすいので、「セルフメンテナンスの時期」です。

人間は自動車のように不良品を交換できませんので、信頼できる医師から定期的にアドバイスを受けて、養生と早期治療に心がけ、無理をせず、万事慎む気持ちをもつことです。

そして、自分や家族の病歴を調べておきます。厄年の前に手を打つため、生活習慣を改善して、リスクを減らします。過去の自分の病気のバイオリズムを知っておきます。定期的に健康診断を受け、兆しのうちに治療します。また、家族とコミュニケーションをよくとり、家庭内の調和に心がけます。

厄年や空亡は自分のシャドーコンプレックス（心のわだかまり）が噴出しやすい時期です。精神的悩みやトラブル、うつ病などによって自分のシャドーが噴き出しています。自分のシャドーと向き合い、人生を見直すチャンスになります。自分の影と向き合い、上手に付き合っていくことが、豊かな人生を味わう秘訣になります。

ユング心理学には「創造的な病気」という概念があります。病気は「自分の人生で、反省すべき点は何か」と、自己を見つめ直すチャンスになります。トラブルや病気の時こそ、認知の歪みを修正するチャンスなのです。精神的悩みやトラブルが多い人は、自分自身のシャドーと直面しているのだと言えます。

日本人は「つい無理をしたり、極端に走りやすい」傾向があります。これはネガティブなシャドーコンプレックスを増大する生き方です。私もつい働きすぎる傾向があるので、自戒しています。

たとえ神仏を拝んでいても、不摂生をしていますと、肉体が悲鳴を上げ、病気になってしまいます。医学的には病気の八〇%は、「体と心の生活習慣」が原因です。日頃から健康に留意し養生した上で、神仏のバックアップをお願いすべきです。

私が自分の直霊《なおひ》の大神さまに病気の原因をうかがったところ、**「病気の八割はいわゆる心と体の生活習慣病です。神仏や父母からいただいた肉体をもっと大切にしないといけません」**というお答えでした。医者の提言と同じだったので、妙に納得しました。

午後一〇時から午前二時に内臓の細胞を修復するホルモンが分泌されるので、せめて午前零時前に寝ることが大切です。夜更かしを長年続けていると、内臓が深いダメージを受けます。

「健康がすべてではない。しかし、健康がなければすべてを失う」と肝に銘じて、生き甲斐のある人生を歩むために、お互いに養生を心がけ、定期的な健康診断により早期発見と早期治療に努めていきましょう。

厄年・空亡を乗り切る開運法を編み出した経緯《けいい》

ここで、私が厄年・空亡を乗り切る開運法を編み出した経緯を紹介します。開運カウンセラー協会会員で、約二五年の長きにわたり四柱推命を研究しているH氏の神道命理学における私の運勢を紹介します。

四柱推命は「年・月・日・時」の四つの柱から先天的な運勢を見る鑑定法です。大運とは「四柱推命独特の一〇年間を支配する運勢」のことです。

「生まれてから一〇歳くらいまでは、体質的に弱く、風邪をひきやすい等の問題があったものの、おおむね良好な運勢であったものと思われる。

一四歳から二四歳の一〇年間は、主に精神的ストレスや悩みが多かったのではないかと思われる。特に一五歳〈一九七二年〉は壬子《みずのえね》の年で、水に水が重なり日干が財多身弱《ざいたみじゃく》となっており、財は父親をあらわし、また空亡であったことから、この年に父親との死別があったものと思われる。二四歳から三四歳の一〇年間も、不安定で特に仕事面、財政面で厳しい状態が続いたのではないかと推察される。

三四歳から四四歳の大運 戊戌《つちのえいぬ》運の一〇年間は、山田先生にとって大きな転換点になった一〇年間になる。先生が三五歳の年は火が激しく金を剋することになり、金の病である肺炎を起こし、同時に火の病である高熱に見舞われたものと思われる。

しかし、このことを契機にして命式自体が変化し、日干弱《にっかんじゃく》の命が日干強の命に変わったものと思われる。言い換えれば、肺炎という病気は、命式が変化する時に伴う好転反応であったのかもしれない」

ここまではH氏が四柱推命で指摘するとおりの人生でした。一〇代は虚弱でしたし、現在でもあまり丈夫《じょうぶ》とは言えません。一五歳の時に父親を亡くしました。空亡の時は肉親との離別が起きやすいのです。私は父の死から死後の世界に関心をもち、それが産土信仰の再発見の原点になっています。

空亡（天中殺）は人生の節目になります。その時に本人の生き方によって、レベルアップする人とレベルダウンする人に分かれます。〈人生の実力〉が試される時です。空亡（天中殺）は「年輪」だと思うといいでしょう。年輪があってこそ、木は丈夫になります。

二四歳から三四歳の一〇年間は転職を何度も繰り返し、とてもたいへんでした。特に三〇代前半は〈闇の中〉で、光を求めて歩んでいた感じがします。その時期に何度か神秘体験がありました。現在、開運カウンセリングではその時期の体験が生きています。

三五歳の年は、天命（人生の目的）を強く意識するようになりました。しかし、天命への志を行なうために独立して生活が不安定になることへの不安で揺れ動き、仕事のストレスと疲労のため、急性肺炎にかかり入院しました。

その入院期間に人生を深く考え、この病気体験は「自分の天命を歩め」と、迷っている自分の背中をドンと押してくれたものだと思いました。退院の数カ月後、天命を歩むために独立しました。つまり、ユング心理学でいう「創造的な病気」だったわけです。

急性肺炎後、だんだん霊感が出てきました。私の尊敬する黒住宗忠も肺結核にかかり、三五歳の誕生日〈冬至〉に天命直授《じきじゅ》になりました。

日干とは、生まれた日の「十干《じっかん》」のことで、日干弱とは日干と他の干支との関係上、日干のパワーが相対的に弱い傾向にあることです。それが、大運と次の大運の節目に肺炎となり、それを境に人生に大きな変化が起きたということです。この時の苦しかった体験が、厄年・空亡を乗り切る方法を編み出すきっかけになりました。

人生の節目が厄年・空亡であり、人生の実力が試《ため》される

その後、仕事も順調に発展しました。四〇代前半で厄年と空亡（天中殺）が重なる時期を迎えました。神道教師として、開運カウンセラーとしての真価が問われる時期でした。自分なりに準備もし、運命学がいい意味で当たらない人間になろうと考えました。H氏の鑑定を続けます。

「平成一〇年（一九九八年）は戊戌《つちのえいぬ》運の戊寅《つちのえとら》年であるが、戊の蔵干《ぞうかん》はすべて丁《ひのと》火に、寅の蔵干はすべて丙《ひのえ》火に変わる。印重々大《いんじゅうじゅうたい》過《か》の年になる。本来ならば火の病、水の病、木の病が重々と発生し、大変な年になるはずである。この年に、黒住宗忠大御神様の御親筆を賜《たまわ》り、八月にはスサノオノ尊の分霊をいただくという奇跡が起こっている。度重なるバージョンアップの年となっている。この点は現在の四柱推命の理論では解釈できない。今後の研究を待つほかないと思われる」

「蔵干」という言葉が出てきましたが、天の干を「天干」というのに対し、地支から導き出される十干を蔵干といいます。

私は子丑空亡で、平成一〇年の寅年は空亡（天中殺）ぎみで、本厄の年でした。空亡と厄年が重なり、さまざまなトラブルが起きましたが、「神・仏・先祖」の大いなるご加護のおかげと自分のリスクマネジメントとすばやい対応によって、すべて大過なく乗り越えました。

H氏によると、その年は相当厳しい年だったということです（印重々大過とは、「印」の運命星が重なることでバランスを崩し、トラブルが続出するという意味です）。しかし、スサノオノ尊のワケミタマをいただくという決定的な神秘体験によって、神仏のご開運が大きく進展するきっかけになりました。本厄が「本役（本当に社会の役に立つ意味）」に変わったのです。

翌一一年には自分の直霊の大神さまのワケミタマをいただき、断続的に神秘体験が起きました。現在までに一〇数柱の神仏のワケミタマが身体内にいらっしゃいます。また、直霊の大神さまをはじめ、神仏とテレパシーで交流できるようにもなりました。

私は直霊の大神さまと合体した後、多くの神仏のご協力のもと、前世・先祖のカルマの昇華を行なうようになりました。さらに、宿命・運命の清めと改善、シャドーコンプレックスなど自分の無意識を清める方法を編み出しました。現在、三世（前世・現世・来世）

のご開運講座や開運カウンセラー養成クラスの中で、「時空間清めの神術」や「人生創造力を高める光のマニ宝珠の大神さま」などの神術を伝授しています。

「前世・先祖のカルマ昇華講座の一日目の夜に、主人が少々興奮気味で帰ってまいりました。一〇日ほど前から右目の視界が切れたりぼやけたりしていたのが、夕方から急に視界が開けてハッキリ見えるようになったのだそうです。ちょうど講座で本格的にお祈りをしていた時間でしょうか。今度の三月の講座では、主人自らがお祈りをしようと、早速申し込みをいたしました。ありがとうございました」（東京都・Uさん）

ケガレの清浄化現象がトラブルや不幸として出ているわけで、ケガレそのものを減らせば、不幸も減っていきます。これらの神術で行なっているメソッドが受講生の宿命・運命の清めと改善に効果があったので、一般の人向けのメソッドにアレンジして本書で紹介しているのです。

厄年を乗り切るための具体的な開運法・神言・真言

厄年開運法では特に「宿命・運命の清めと改善法」を行ないます。中でも太陽の大神さまの日拝、心身の生活習慣の改善が有効です。厄年を乗り切る祈り詞・神言・真言は、「神・仏・先祖」の祈り詞、厄年・空亡を清め、宿命・運命を清め改善する祈り詞、先天の三種の大祓の後、身神《しんしん》・仏尊への感謝の祈り詞、光の仁王経《にんのうきょう》ダラニを称えます。光の仁王経ダラニは国家鎮護と無病息災のための密教最大の秘言です。

これらの二一日連続祈願法も有効です。全部行なわなければならないと考えず、足し算思考（加算していくほどよくなるという考え方）で、祈ることができる範囲で行なってください。

〔厄年・空亡（天中殺）を清め、宿命・運命を改善する祈り詞〕

合掌している手から内なる一霊四魂と宿命・運命（胸とお腹）に光を貫くように、祈り詞や神言を称えます。〔　〕の部分は知っている人は補って称えてください。

おかげ様で、ありがとうございます。宇宙の大いなる意志、大調和に基づく天命もちて、とってもありがたいわが宿命・運命のいやますますのご開運をお祈り申し上げます

とってもありがたいわが本命星《ほんめいせい》〔〇〇〕のいやますますのご開運をお祈り申し上げます

とってもありがたいわが元命星《げんめいせい》〔〇〇星〕をはじめ、わが宿命・運命に関わるすべての星のいやますますのご開運をお祈り申し上げます

とってもありがたいわが〔〇〇〕空亡と厄年のいやますますのご開運をお祈り申し上げます

とってもありがたい先天《せんてん》の三種《みくさ》の大祓《おおはらへ》を称《とな》え奉《まつ》る

トホカミヱミタメ　甲《きのえ》乙《きのと》丙《ひのえ》丁《ひのと》戊《つちのえ》己《つちのと》庚《かのえ》辛《かのと》壬《みずのえ》癸《みずのと》　祓《はら》ひ給《たま》ひ　清《きよ》目《め》出《で》給《たま》ふ

トホカミヱミタメ　子《ね》丑《うし》寅《とら》卯《う》辰《たつ》巳《み》午《うま》未《ひつじ》申《さる》酉《とり》戌《いぬ》亥《い》　祓ひ給ひ　清め出給ふ

トホカミヱミタメ　乾《けん》兌《だ》離《り》震《しん》巽《そん》坎《かん》艮《ごん》坤《こん》　祓ひ給ひ　清め出給ふ

とってもありがたいわが人生のいやますますのご開運をお祈り申し上げます

特に「先天の三種の大祓」を自分の運身にしっかり何回でも入れて、自分の宿命・運命を清め、改善していきます。厄年や空亡のご開運を祈るのは、厄年や空亡を「言向《ことむ》け和《やわ》す」

ためです。「言向け和す」とは言霊を発して、相手と調和させることです。

私は本命星が七赤金星、空亡が子丑であり、元命星は印綬星です。ですから、私の場合は以下にように祈ります。

「とってもありがたいわが本命星《ほんめいせい》・七赤金星のいやますますのご開運をお祈り申し上げます。とってもありがたいわが元命星《げんめいせい》・印綬星をはじめ、わが宿命・運命に関わるすべての星のいやますますのご開運をお祈り申し上げます

とってもありがたいわが子丑空亡と厄年のいやますますのご開運をお祈り申し上げます」

元命星や空亡（天中殺）について知りたい人は市販の四柱推命の本で調べるか、インターネットで検索するか、私の指導を受けた開運カウンセラーに相談してください。

〔身神《しんしん》・仏尊《ぶっそん》への感謝の祈り詞〕

おかげ様で、ありがとうございます。私はわが心と身体《からだ》を大切にします

宇宙の大いなる意志、大調和に基づく天命もちて、とってもありがたいわが身体《からだ》をつかさどる身神《しんしん》さまと仏尊《ぶっそん》さまの一霊四魂のいやますますのご開運をお祈り申し上げます

いつもありがとうございます。私はわが身体《からだ》をつかさどる身神《しんしん》さまと仏尊《ぶっそん》さまに深く感謝します。いつもお世話をかけております（いたわりと感謝の言葉です）
私はもっと体を大切にして、日頃から、養生《ようじょう》に心がけます。適正な運動と休養、食養《しょくよう》を行ないます。自分の心身を鍛《きた》え、いたわります
とってもありがたいわが一霊四魂と、身体《からだ》をつかさどる身神《しんしん》さまと仏尊《ぶっそん》さまの一霊四魂の、いやますますのご開運をお祈り申し上げます。とってもありがたいわが身体《からだ》をつかさどる身神《しんしん》さま、仏尊《ぶっそん》さま、虚実《きょじつ》を補瀉《ほしゃ》して、陰陽五行《いんようごぎょう》調和し給《たま》へ

〔光の仁王経《にんのうきょう》ダラニ〕

とってもありがたい光の仁王経ダラニを称《とな》え奉《まつ》る
オン　ギャラテイ　アラテイ　アラタギャラテイ　マカハラニジャ　ハラミテイ
ソワカ

身体《からだ》をつかさどる身神《しんしん》と仏尊《ぶっそん》とは、自分の身体の内部にいます神仏のことです。霊的には、人間は一霊四魂を主座にした神仏の集合体なのです。「虚《きょ》」とは気エネルギーが不足

している状態であり、補う必要があります。「実《じっ》」は気が不必要に多く、滞っている状態であり、瀉《す》てる必要があります。「中庸《ちゅうよう》」がベストであり、虚実を補瀉《ほしゃ》して、陰陽五行《いんようごぎょう》（木火土金水）を調和させることが肝要なのです。補瀉とは虚しているものを補ったり（補）、実しているものを排出する（瀉）ことで、虚実のバランスを整えることです。

また、天地自然の道理に順応した生活習慣、早寝早起きに努めます。笑いの行、地相・家相の改善、開名（開運する改名）、慎食行《しんしょくぎょう》も有効です。

「笑いの行」とは、意識的に一日に何度か笑うことです。笑いは運命を変える力もあるのです。笑いが病気の治療や健康に効果があることは、一般の人々にも知られるようになってきました。神仏は人間の笑顔が大好きです。笑顔の方が守護しやすいのです。オープンマインドが運命を開くコツです。

地相・家相はそこに住む人の健康や運命に多大な影響を与えています。悪い地相・家相の場合、厄年の時にその影響が顕在化しやすいのです。厄年の前に改善しておくことです。

水野南北は厄年に難を避ける法として、慎食行を提唱しています。二一日間、一日一食を抜きます。一食抜くという慎みの行動を通して、心の中で「神・仏・先祖」に献じます。「神・仏・先祖の祈り詞」（45ページ参照）のお祈りをした後、

※2月4日（または5日）の立春から、翌年の2月3日（または4日）の節分までが1年です。

六白金星	七赤金星	八白土星	九紫火星
大正11年 壬戌 （1922年）	大正10年 辛酉 （1921年）	大正9年 庚申 （1920年）	大正8年 己未 （1919年）
昭和6年 辛未 （1931年）	昭和5年 庚午 （1930年）	昭和4年 己巳 （1929年）	昭和3年 戊辰 （1928年）
昭和15年 庚辰 （1940年）	昭和14年 己卯 （1939年）	昭和13年 戊寅 （1938年）	昭和12年 丁丑 （1937年）
昭和24年 己丑 （1949年）	昭和23年 戊子 （1948年）	昭和22年 丁亥 （1947年）	昭和21年 丙戌 （1946年）
昭和33年 戊戌 （1958年）	昭和32年 丁酉 （1957年）	昭和31年 丙申 （1956年）	昭和30年 乙未 （1955年）
昭和42年 丁未 （1967年）	昭和41年 丙午 （1966年）	昭和40年 乙巳 （1965年）	昭和39年 甲辰 （1964年）
昭和51年 丙辰 （1976年）	昭和50年 乙卯 （1975年）	昭和49年 甲寅 （1974年）	昭和48年 癸丑 （1973年）
昭和60年 乙丑 （1985年）	昭和59年 甲子 （1984年）	昭和58年 癸亥 （1983年）	昭和57年 壬戌 （1982年）
平成6年 甲戌 （1994年）	平成5年 癸酉 （1993年）	平成4年 壬申 （1992年）	平成3年 辛未 （1991年）
平成15年 癸未 （2003年）	平成14年 壬午 （2002年）	平成13年 辛巳 （2001年）	平成12年 庚辰 （2000年）
平成24年 壬辰 （2012年）	平成23年 辛卯 （2011年）	平成22年 庚寅 （2010年）	平成21年 己丑 （2009年）

九星気学・本命星一覧表

一白水星	二黒土星	三碧木星	四緑木星	五黄土星
昭和2年 丁卯 （1927年）	大正15年 丙寅 （1926年）	大正14年 乙丑 （1925年）	大正13年 甲子 （1924年）	大正12年 癸亥 （1923年）
昭和11年 丙子 （1936年）	昭和10年 乙亥 （1935年）	昭和9年 甲戌 （1934年）	昭和8年 癸酉 （1933年）	昭和7年 壬申 （1932年）
昭和20年 乙酉 （1945年）	昭和19年 甲申 （1944年）	昭和18年 癸未 （1943年）	昭和17年 壬午 （1942年）	昭和16年 辛巳 （1941年）
昭和29年 甲午 （1954年）	昭和28年 癸巳 （1953年）	昭和27年 壬辰 （1952年）	昭和26年 辛卯 （1951年）	昭和25年 庚寅 （1950年）
昭和38年 癸卯 （1963年）	昭和37年 壬寅 （1962年）	昭和36年 辛丑 （1961年）	昭和35年 庚子 （1960年）	昭和34年 己亥 （1959年）
昭和47年 壬子 （1972年）	昭和46年 辛亥 （1971年）	昭和45年 庚戌 （1970年）	昭和44年 己酉 （1969年）	昭和43年 戊申 （1968年）
昭和56年 辛酉 （1981年）	昭和55年 庚申 （1980年）	昭和54年 己未 （1979年）	昭和53年 戊午 （1978年）	昭和52年 丁巳 （1977年）
平成2年 庚午 （1990年）	平成1年 己巳 （1989年）	昭和63年 戊辰 （1988年）	昭和62年 丁卯 （1987年）	昭和61年 丙寅 （1986年）
平成11年 己卯 （1999年）	平成10年 戊寅 （1998年）	平成9年 丁丑 （1997年）	平成8年 丙子 （1996年）	平成7年 乙亥 （1995年）
平成20年 戊子 （2008年）	平成19年 丁亥 （2007年）	平成18年 丙戌 （2006年）	平成17年 乙酉 （2005年）	平成16年 甲申 （2004年）
平成29年 丁酉 （2017年）	平成28年 丙申 （2016年）	平成27年 乙未 （2015年）	平成26年 甲午 （2014年）	平成25年 癸巳 （2013年）

「とってもありがたいわが守護のご存在、ご本尊さま・仏尊・仏尊の神々さま、ご先祖さま、今日から二一日、慎食行をさせていただきます。無事厄年を乗り切ることができますようにご守護よろしくお願い申し上げます」

と称えます。慎食行の初日と最後の日は産土神社（または鎮守神社）に厄年を乗り越えられるように参拝し、祈願します。この慎食行はココという場合の願かけ法としても効果が高いのです。その場合は厄年の部分を、自分の祈願内容に変えます。慎食行の詳細については、私の『決定版・神社開運法』（たま出版）を参照してください。

空亡（天中殺）は「健康・仕事・精神面・家庭」における弱点が顕在化する

空亡は四柱推命における一二年周期の「冬の時期」です。運気が衰え、それまで内在していた「健康・経済・仕事・精神面・家庭・人間関係」における自分の弱点が顕在化してきます。この空亡を前向きにとらえて、人生の偏りや歪みを矯正し、積極的に〔自己変革〕を行なう時期だと考えればよいのです。

空亡の説明をします。十干と十二支の組み合わせで、空間・時間で宿命・運命を観る時に、一二と一〇で二つ余る期間を空亡といいます。その期間に陰陽のバランスが崩れるのです。一二年に一度、「霊・心・体」に蓄積したケガレをクリーニングする時期だとも言えます。一二年のうち衰運の時期が三年（空亡は二年で、その前か後ろに空亡ぎみの年が一年ある）あります。

「友人の娘さんの高校一年生の友達が今年の五月に突然、手足がシビレて体が動けなくなりました。たくさんの病院でＭＲＩなどのあらゆる検査を受けても『異常なし』で原因がわからず、たいへん困っていました。それで、友人の紹介で私の治療を受けに来たのです。

彼女の四柱推命の命式を立ててみたところ、やはり今年が空亡（申酉）でした。『一二年前に何か病気やケガをしませんでしたか？』とたずねますと、『ちょうど一二年前に頭にケガをしました』と言って、そのキズを見せてくれました。私はそれで、ピンときました。空亡が再び巡ってきた時に、頭のケガの後遺症である首のムチ打ちと腰骨のズレが出てきていたのです。

原因がはっきりしたので早速カイロプラクティックの施術を行なったところ、来院時には歩けなかったのに、帰りには歩けるようになりました。それを見て、彼女のお母さんはうれし涙を流していました。さらに三日後には、正常に日常生活ができるようになりました。親子で産土神社と鎮守神社の連続参拝行をしていただいています。また、私も『神・仏・先祖の祈り詞』と本命星・月命星・運命星・空亡・厄年のご開運の祈り詞を称えるようにしてから、仕事や行動がスムーズに働くようになりました」（静岡県・Mさん）

厄年や空亡など運気が落ちている時には、精神面の充実をはかったり、養生を心がけます。運気が上がったら積極的に動けばよいのです。

一二年に一度ですから、各年代に一度、自分の人生を見直すということです。神道では、過去のことを反省し、改善していくことを「見直し聞き直し」といいます。この「見直し聞き直し」を積極的に行なうことで、大きなトラブルにならずにすみます。

空亡の前に自分と家族のウィークポイントを改善しておくことです。家族全員の空亡もインターネットや開運カウンセリングなどで知っておくと、対策を打ちやすいでしょう。

何事も、突然起こることはほとんどありません。兆しの段階で、各種開運法をすばやく行なえばよいのです。運気が高いうちに病気の治療や手術などをしておきます。傾向としては、空亡の期間のケガの場合、骨折する場合が多いのです。軽率な行動を慎み、筋肉トレーニングなどをして体を鍛えるのもよいでしょう。

過信・慢心を戒め、慎む心で過ごすことです。「自分は大丈夫」という根拠のない楽観によって問題を先送りせず、空亡の前に対策を打つことです。

空亡の時は、自分から転居や転職はしない方が無難です。会社の命令での転勤はかまいません。結婚もしてかまいません。二、三年も待ったら、恋愛の熱も冷めてしまうでしょう（笑）。空亡の結婚は俗に「腐れ縁」といわれ、離婚しても縁が続くとされます。一生添い遂げる覚悟で結婚してください。ただし、運気は下がっているので、宿命・運命の清めと改善法や開運法を行ない、慎みの心をもって行動します。空亡の時期の結婚が悪いのではなく、運気が下がっている時期なので、トラブルが起きる可能性があるととらえてください。

厄年・空亡（天中殺）を乗り切るための神社・仏閣開運法

厄年を乗り切るための神社・仏閣開運法としては、「自分の産土神社と鎮守神社、現住所の一の宮、総社、産土神社総本宮、鎮守神社総本宮、父方・母方の菩提寺、父方・母方のお墓、菩提寺の総本山」への参拝法が、効果があります。

総本宮、総本山は厄年、空亡の前に参拝するとよいでしょう。吉方位（185ページコラム参照）がわかる人は吉方位を使った神社・仏閣開運法を行なうと相乗効果になります。

産土神社（鎮守神社）の総本宮開運法は、産土の大神さま・鎮守の大神さまのバックアップをいただき、厄年や空亡を乗り切るのに有効です。それを行なうと、産土の大神さまや鎮守の大神さまが働きやすくなります。菩提寺の総本山参詣法は、自分の家の菩提寺のご本尊さまたちが総本山の仏尊たちのバックアップを受けるので、ご先祖さまも喜ばれ、守護先祖霊団のパワーアップにつながります。

また、空亡（天中殺）現象を軽減させる神社・仏閣開運法としては、「自分の産土神社と鎮守神社、母方の産土神社、父方・母方の菩提寺、父方・母方のお墓」へ参拝して祈願するのが効果的です。また、お墓や仏壇などの先祖の祭祀をきちんとすることが肝要です。産土神社は自分の産土神社がメインですが、父方（父親）の産土神社、母方（母親）の産土神社も大切です。三社がトライアングルになって、守護してくれるからです。産土とはひたすらルーツを大切にしていく主義なのです。皆さんも守護神は多い方がよいですよね。

こう話すと、「すべて行かなくてはいけないのですか」という質問がきそうなので（笑）、お答えしておきましょう。「できる範囲で行なえばよい」ということです。「すればもっと良くなる」「かき集めてナンボ」の足し算思考で、開運していきます。

コラム

吉方位と「神社・仏閣活用法」で相乗効果をはかる

自分で吉運を増やす方法としてお勧めなのが、吉方位《きっぽうい》を活用することです。私は旅行の際は必ず、吉方位と神社・仏閣開運法をプラスさせて、相乗効果をはかっています。

吉方位を活用すれば、自分で吉運を創り、増やすことができます。つまり、自力で吉運を増やす方法として優れているのです。逆に凶方位に行くと、自分で墓穴を掘るパターンになります。

「吉方位」を使うと、福運のエネルギーを受けて人生が豊かになります。吉方位を使って自力でどんどん吉運を高めていく人と、方位の作用を知らずに凶

吉方位は福を呼び込む波動

方位に向かい、自分で無用な苦しみを背負っていく人では人生に大きな差が出ます。

方位学は大自然の「気の方向性」と人間のバイオリズムを観て、バランスを整え、調和させる古代の智慧だと言えます。

方位とは、大自然の〈気の巡り（バイオリズム）〉と人間の気の相生・相剋の関係を示すものです。方位現象は、地球の自転と公転、地磁気によって起きます。地球はスパイラル（螺旋）状に猛スピードで動いています。

その運動エネルギーと、地球およびその地域の磁場など複雑な要素、そして生体エネルギーが、九星との相生関係によって吉方位エネルギーになります。相剋関係の時は、凶方位エネルギーになります。

吉方位を使えば、さまざまな吉運現象が出ます。私は「吉方位十神社・寺院開運法」クラスを開講していますが、その中で教えている「目的別吉方位活用法」を紹介しましょう。

◎財運を増す吉方位（イラスト参照）
収穫、実りの意味がある「北西」に吉方位が来た場合。

「六白金星」が吉方位として使える時。
財運をあらわす「西」に吉方位が来た場合。
「七赤金星」が吉方位として使える時。

◎人脈を広げる、または良い人材を得たい場合の吉方位

人脈を広げる象意がある「北」に吉方位が来た場合。
「一白水星」が吉方位として使える時。

◎就職をしたい場合の吉方位

コツコツ働く象意の「西南」に吉方位が来た場合。
「二黒土星」が吉方位として使える時。

◎良い不動産を探す場合の吉方位

不動産を意味する「東北」に吉方位が来た場合。
「八白土星」が吉方位として使える時。

◎名誉を得る、感性を高める吉方位

名誉を得る、感性を高める象意がある「南」に吉方位が来た場合。
「九紫火星」が吉方位として使える時。

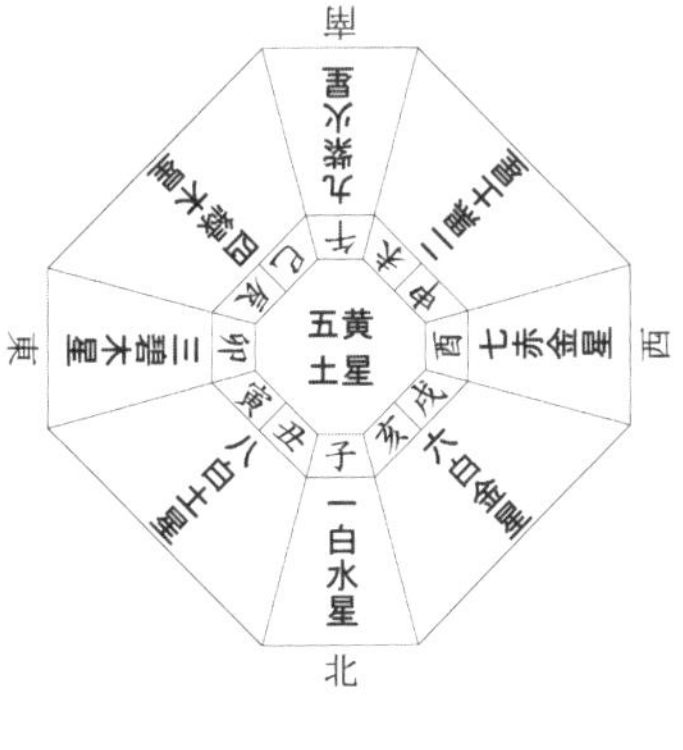

私は関西で講座を行なうために出張する時は、その一年前に関西は何月が吉方位になるかを調べています。東京から大阪は西方になるので、月を決めて吉方位で行きますと、財運を増すことになります。関西への吉方位出張で、常に財運が増すことになるわけです（笑）。おかげ様で、財運・金運は確実にアップし続けています。

読者の皆さんも、「吉方位による福運増加法」を学び、本書の「神社・仏閣開運法によるご神徳・ご仏徳をいただく方法」のダブル効果をはかるとよいでしょう。

空亡現象を軽減させる開運法・神言・真言

空亡には、陰（仏尊）のご存在の強化や先祖の祭祀をするのが重要です。厄年は神社での厄除け祈願があるように、陽（神々）の強化がメインなのに対して、空亡は陰（仏尊）のご存在の強化がポイントです。厄年と空亡が重なる時は、陰陽ともに強化します。

空亡を乗り切る祈り詞・神言・真言は、「神・仏・先祖」の祈り詞、厄年・空亡を清め、宿命・運命を清め改善する祈り詞、先天の三種の大祓の後、神語、光の仁王経《にんのうきょう》ダラニ、カルマ昇華の真言です。私は厄年と空亡が重なった時は、二一日早朝四時起き祈願法を行ないました。早朝の四時から五時の間は神仏と最も交流しやすい時間帯だからです。

空亡の時は神・仏・先祖の祈り詞、宿命・運命の清めと改善、前世・先祖のカルマの昇華を行ない、その上で、「神棚・仏壇・お墓の祭祀」を行ないます（具体的な手順・方法については『決定版・神社開運法』をご参照ください）。「おかげ様感謝の行、慎食行、開名」も有効です。

おかげ様感謝の行とは、「おかげ様で、ありがとうございます」を一日一〇〇〇回は称えるもので、二一日行なうと運命の質が変わってきます。空亡の時は、陰（仏尊）のご存在の強化をするのが肝要ですから、開名（開運する改名）はお勧めです。

東洋運命学の中で、全体運をアップするのに効果が高い方法が開名です。人生で最重要な数霊《かずたま》・言霊《ことたま》・形霊《かたたま》が名前です。姓名判断における「天格・人格・地格・外格・総格」などの数字が数霊であり、名前のもつ響き（たとえばマサハル）が言霊であり、名前全体のバランスが形霊になります。名前は毎日使用するので、人生に影響が出てくるわけです。

開運し豊かになるためにセカンドネームをもつことです。開名は悪い名前のブロックを解除して、無用な苦労を減らします。そして、人生の歯車がかみ合い、今までよりも努力が報われやすくなり、人生に手ごたえが出てきます。産土信仰（陽）と開名（陰）で、相乗効果になります。

私が「開名」という字を使っているのは、開運する名前を作ることは、単に姓名判断ができることとは別次元なので、使い分けているのです。診断できる医師と、手術が上手な医師が違うのと同様に、姓名判断ができる人が、必ずしも開運する改名を作ることができるわけではないのです。

私は開名を考える場合には、「天命（天職）を歩み、開運し、豊かになる最重要な名前」ということで作ります。そして、自分を守護する仏尊や、仏尊の配下の神々さまの守護もアップする名前にしています。さらにご先祖さまのカルマを受けにくく、余徳を受けやすい名前になるように心がけています。一例として、神奈川県のTさんの体験談を紹介しましょう。

「私は会社でエンジニアのサポートをする業務を担当しています。今までなかなか仕事の成果が出なかったのですが、一二月に開名してから短期間で大きな手ごたえを感じています。私の仕事は総務・人事的な裏方的な分野なので、数字の上での成果というものではないのです。

ところが、自分がやったことに対してそれまでと違う反応があり、『君がいてくれて助かる』と現場に喜ばれるようになりました。以前に比べてミスをしなくなり、一番いいやり方やアイデアを思いついたり、むずかしい案件でも思わぬところから手助けがあったりしました。友人や助手からのサポートもあり、スムーズに成果が上がるようになったのです。私自身の意識の変化としては、それまでの私は何事も後回しにしがちでしたが、開名してからは、物事に優先順位をつけて取り組むようになりました。そして、きびきびと物事をこなせるようになりました」

開名は、私や開運カウンセラーも行なっていますが、私が開催している「天命姓名学開運法クラス」を受講して開名のコツをつかみ、ご自分で作られてもよいでしょう。

厄年や空亡以外でのピンチの際にも、厄年や空亡の開運法を参考にして、自分ができる開運法を積極的に行なうとよいでしょう。特に産土神社（鎮守神社）二一日参拝法や二一日早朝四時起き祈願法、二一日慎食行、開名はお勧めです。

また、時間にゆとりがある時は、第3章の98ページからの「宿命・運命の清めと改善」の後、付章のさまざまな祈り詞（たとえば173ページ）や神言・真言を日常生活で称え、開運体質にしていくことです。

自ら危地《きち》に赴かないように気をつける

神仏は「外からの災禍」は守護をしますが、人間自らが道理からはずれて〈好んで危地（危険な場所）に赴く〉のは防ぐことはできません。ですから、自分の行動に対する責任は自分でとることになります。

人間の霊的・心的成長には苦労は必要なものです。これが「有益な苦労」です。その人に必要な困難はありますが、「不必要な苦しみやトラブル」は遭遇しないに越したことはありません。そのために現実的対策を打ち、宿命・運命の清めと改善を行ないます。深刻な事態にならないうちに手を打つことで、無用な苦しみを軽減し、より良い人生にできます。

開運カウンセリングで人生相談を受けていますと、自分で墓穴を掘っている人が多いのです。自ら袋小路に入り、苦しみもがいている人も見かけます。「凶」という文字は凹に×と書きます。これは自分から穴に入るという意味です。自ら墓穴を掘って、凶におちいるのです。

自分から危地に赴く行動とは、「安易な金儲け話に乗る」「相手のことをろくに調べずに信用する」「ギャンブルや投機をする」「安易に借金をする」「危険な国・地域に旅行する」「暗い夜道を一人で歩く」「深夜に繁華街や風俗店に行く」「危険な冬山に登る」「台風の時に川や海に行く」「薬物に手を出す」「危なそうな人と付き合う」などです。

健康面では、「食生活が乱れている」「残業時間が過多である」「夜更かしをする」「運動をしない」「定期健康診断を受けない」などです。

自分の人生には、自分で責任をもつことです。自分の人生を大切にして、人生に責任をもつと、自分の人生を創っていけます。

さて、お祈りの時に、守護のご存在ときちんと波長が合ってくると、メッセージがきます。「危ないよ」と送ってきてくださっているのです。〝胸騒ぎ〟として感じることもあ

ります。病気もそうですが、守護のご存在は、「人間にメッセージをいっぱい送っています。けれど、キャッチできる人が少ない。しかも、キャッチしてもアドバイスどおり行動しないのです」と私に話します。

多くの場合は「あの時、手を打っていれば」と後悔します。後悔しないで、心配しましょう。心配とは「心を配る」ことであり、心配して対策を打つことです。日頃から、「防犯・防災・防病・防禍」に心がけてください。「備えあれば憂いなし」です。

宿命・運命が変わると、「四柱推命の命式」が霊的に変わる？

私が開発した宿命・運命の清めと改善法の効果が「宿命のソフト面」に好影響を与えることを傍証するものとして、H氏の仮説を紹介しましょう。専門的な内容なので、一般の読者の皆さんはわかるところだけ読んでください。プロの運命鑑定士の方なら、驚嘆すべき内容だと思います。

「最近、私が四柱推命（198ページコラムを参照）で鑑定した方で、運命の良化に伴って命式が変化したのではないかと思われる例がありました。その方は岡山県在住の女性で、生年月日時は昭和四二年七月四日午前四時一五分で命式は次に示す（A）のようになります。

年柱　丁《ひのと》未《ひつじ》（丁《ひのと》乙《きのと》己《つちのと》）
月柱　丙《ひのえ》午《うま》（丙《ひのえ》　丁《ひのと》）　　南方（A）
日柱　己《つちのと》巳《み》（戊《つちのえ》庚《かのえ》丙《ひのえ》）
時柱　丙《ひのえ》寅《とら》（戊《つちのえ》丙《ひのえ》甲《きのえ》）

年柱　丁《ひのと》未《ひつじ》（丁《ひのと》　丁《ひのと》）
月柱　丙《ひのえ》午《うま》（丙《ひのえ》　丁《ひのと》）　　南方（B）
日柱　己《つちのと》巳《み》（丙《ひのえ》　丙《ひのえ》）
時柱　丙《ひのえ》寅《とら》（戊《つちのえ》丙《ひのえ》甲《きのえ》）

火が団結している。

命式（A）は、年月日に巳午未《みうまひつじ》がそろっているため南方（注1）が成立し、（　）内に

示された蔵干《ぞうかん》が変化してすべて丙、丁に変化してしまいます。このため、生命エネルギーの中心核となる日干己を五行では、火に当たるところの〈丙《ひのえ》、丁《ひのと》〉で囲まれている構造になっていることがわかります。

しかも午の月に生まれているので、火旺《おう》（注2）となります。日干己《つちのと》が強烈な炎に包まれている状態になっており、時支の寅は五行では木に当たりますが、これが火源となって燃え上がる炎に薪《たきぎ》をくべて、さらに火勢を強めている格好になっているのです。このような命を「火炎土焦《かえんどしょう》の命《めい》」と言い、かなり状態の悪い命と判断されます。

また、大運という『一歳から十一歳の一〇年間』の干支が丁未となり、さらに火勢が強まっているのです。この状態を運命星（通変星、生尅名ともいわれる）の観点から観ると、偏印星と印綬星（専門的には両方を合わせて「印」と省略して言う場合があります）に囲まれているとも言えます。つまり、「印大過《いんたいか》の命」とも言えるのです。四柱推命では印大過の命は、疾病体質であるとされ、虚弱体質で何らかの慢性的な病気を抱えることになるといわれています。

この命について考えられる病気としては、火の病として心臓病や循環器病、高熱、土の病として鼻に関する病気や胃病、皮膚病、木の病としてアレルギーや脳神経、筋肉に関する病気傷害等が考えられます。

事実、彼女は二歳になる前に受けた予防接種が原因で、高熱と下痢が続き、その時に受けた大腿部《だいたいぶ》の注射がもとで大腿筋が拘縮するという後遺症を抱えています。また、八歳前後からは花粉症に伴うアレルギー性鼻炎、皮膚炎等がその後三〇年近く彼女を悩ますことになります。さらに、二十七歳から二十九歳にかけて心臓を動かすパルス電圧が原因不明で低下することによる心臓の不調に見舞われています」

（注1）命式中に存在する十二支間の相互作用の一つで、最も強い作用です。

（注2）五行は相尅、相生という相互作用をおよぼすとともに、各要素が時間経過の中で旺衰を繰り返し、時間の中に季節という質的変化を生じるとする考え方。「春は木が旺《おう》じ、夏は火が旺じ、秋は金が旺じ、冬は水が旺じ、各季節の変わり目に土が旺じる」という循環律となります。

コラム

四柱推命は誕生「年月日時」から本人の適性・運命傾向を導き出す

四柱推命は干支暦《かんしれき》を用いて、「年・月・日・時」の四つの柱から本人の宿命・運命を推察することから、「四柱推命」と名づけられています。

個人の「生年月日時」を六十干支《かんし》に変換して「命式」という形で表し、日干を中心として隣り合った十干、および十二支の相互作用を解析します。そして、その結果を現実の事象に写像《しゃぞう》して、その個人の宿命・運命を研究する学問です。

四柱推命は本人の干支から「運命星・十二運星・吉凶神殺星《きっきょうしんさつせい》・空亡（天中殺）」を出すことで、人生全般の運勢、仕事の適性、家庭運、結婚運、健康運などがわかります。

さて、十干は、甲《きのえ》は木《き》の兄《え》（陽）、乙《きのと》は木《き》の弟《と》（陰）、丙《ひのえ》は火の兄（陽）、丁《ひのと》は火の弟（陰）という形で、陰陽五行説になっています。

特殊な場合を除いて一般的に、命式中の五行が偏らず、「木、火、土、金、水」の順番に周流しているのが最良とされ、たとえば「火、火、火、金、金」などと一行か二行に偏っているのは、悪い命《めい》とされます。

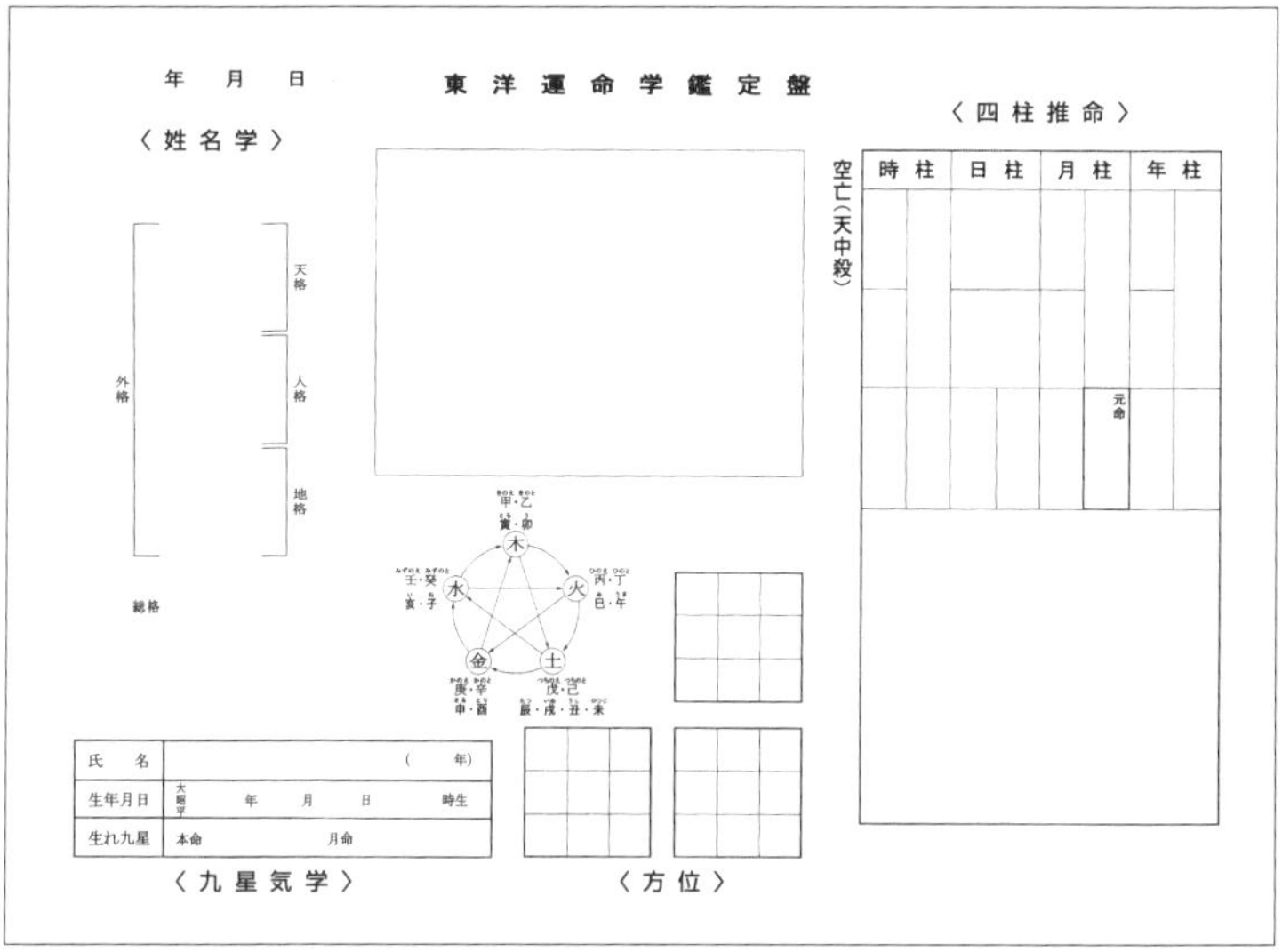

干支は一番の甲子《きのえね》（十干の最初の「甲」と十二支の最初の「子」の組み合わせ）から始まって六〇番の癸亥《みずのとい》で終わり、最初の甲子に戻ります。これが還暦です。六〇歳になったら、自分の生まれた干支に戻るわけです。

還暦のお祝いでは赤いチャンチャンコを着ますが、あれは赤ちゃんの時の干支に戻るという意味なのです。日本人の風習の中に四柱推命の考え方が根づいているのです。

また、十干と十二支の組み合わせですから、当然、十二支の二つが余ります。これが空亡になります。十干とは運命学的には天の気（陽）であり、十二支は地の気（陰）です。空亡とは陰陽、時間・空間のバランスが崩れて、調和していないわけです。バランスの崩れ（偏り）により、さまざまな問題が起きてきます。

私は四柱推命と九星気学、姓名判断を合わせた「東洋運命学鑑定盤《かんていばん》」を使って開運カウンセリングをしています。ある時、

「この東洋運命学鑑定盤を活用すれば、宿命・運命を清められるのではないか」

と考え、独自に編み出した「前世・先祖のカルマ昇華シート」と合わせて清め・改善を始めました。そして、運身の中に宿命・運命があることを発見しました。

講座などで本格的に宿命・運命の清めと改善を行なう時には、「東洋運命学鑑定盤」と「前世・先祖のカルマ昇華シート」を組み合わせて運身を清めています。

晩年（未来）を意味する時柱が宿命・運命の改善によって後天的に変化する

さらに、H氏の文章を続けます。ここからが核心部分になります。

「ところが、二〇〇一年の山田先生の特別セッションを受けた頃から状況が少しずつ変化

し始め、一年後の二〇〇二年の四月に例年にない激しい花粉症の症状に見舞われました。彼女自身、原因を探るべく神道フーチを実施したところ、『一霊四魂からのメッセージ』という答えを受け取った瞬間に、症状がウソのように消失したというのです。それ以後、毎年のように発症していた花粉症の症状がほとんど出なくなりました。

二〇〇二年は四柱推命学的には、大運が庚戌《かのえいぬ》運、年運が壬午《みずのえうま》で壬（五行が水）があるとはいえ、十二支が戌と午ということになると命式中の寅と結びついて、『寅午戌の火局』をなし南方と合わさって、方局済来《ほうきょくさいらい》となり、火勢はさらに激しくなります。壬水すら火勢を制御できず、火の病、木の病、土の病に合わせて水の病が現出してもおかしくない状況と思われます。

三〇年近く苦しんできた花粉症がほとんどなくなることはこの命式では説明できません。そこで、神道フーチで確認したところ、生時が丙寅ではなく、乙丑《きのとうし》に変わっていることがわかりました。

時柱を乙丑に変えた命式が次ページの命式（C）（D）です。

年柱　丁未（丁乙己）
月柱　丙午（丙　丁）　南方（C）
日柱　己巳（戊庚丙）
時柱　乙丑《きのとうし》（癸《みずのと》　辛《かのと》　己《つちのと》）

剋　火が団結している。

年柱　丁未（丁　丁）
月柱　丙午（丙　丁）　南方（D）
日柱　己巳（丙　丙）
時柱　乙丑（癸辛己）

剋　丑土によって晦火晦光《かいかかいこう》されている。

命式（C）を解読すると、（D）に示すとおり南方は残っているものの、強くなりすぎる日干己《つちのと》をさらに強めていた時干丙が乙に変わり、この乙が日干己を剋することにより、その力を制御します。また、南方として火勢一気に団結しているところに丑（五行では土）

が隣接することにより、その火勢が吸収され、抑制されていることがわかります。この丑の火勢を吸収抑制する能力のことを、専門的には『丑土による晦火晦光』と言います。

これによって、火旺による凶象は改善され、年運の壬水の効果も十分に働くものと思われます。花粉症の元凶となっていた寅がなくなったため、花粉症の症状が消失したものと解釈されます。

ここまでの説明から、命式（C）の構造上、最も重要な干支は丑となることはおわかりいただけると思います。したがって、この丑が大運や年運の巡りによってなくなってしまうことがあればこの命は一気に悪化してしまうことになるのですが、幸い南方が残っていることから、いかなる大運、年運が巡ってきても、この丑がなくなることは理論上ないのです。まさに見事なバランスの上に成り立っている命と言えるのです。

以上のことから、たぶん彼女の運命は、二〇〇一年の特別セッションが終わった頃から潜在的に徐々に変わり始めていたと考えられます。すなわち、この激しい花粉症の症状は好転反応ではないかと考えられます。まさにこの現象が一霊四魂からの運命好転を示すメッセージであったと推測されます。そして、近年山田先生が開発された『宿命・運命の清め改善法』を彼女が実行することによって明確に運命が変化したことを、私を通じて認識することになったのではないかと思います」

四柱推命では年柱は初年運、月柱は中年運、時柱は晩年運をあらわします。晩年運とは未来のことであり、前世・先祖のカルマの昇華や宿命・運命の清めと改善法により、宿命・運命という人生の設計プログラミングが変化し、改良されてきたものと考えられます。Ｈ氏は他にも同じように二人を調べましたが、同様に時柱が変化しました。

ただし、これらの症状の改善は霊的、宿命・運命的要因によって起こる病気について有効であり、本人の不健康な生活習慣に起因する病気は当然、自分が生活習慣を改善していく必要があります。

人生の設計プログラミングを改良する

特別セッションは私が開運カウンセラー協会会員を対象に、前世・先祖のカルマの昇華、神仏のご開運、厄年・空亡・運命星の改善、昇霊《しょうれい》法などを専門的に行なう個人セッションです。

私の講座では宿命・運命の清めとその改善法、前世・先祖のカルマの昇華、一族のトラウマの改善を行なった後に、「昇霊法」を実施しています。前述のシャドーコンプレックスという無意識の中に、人生の霊的ブロックをしている存在が潜《ひそ》んでいます。

昇霊法とは自分の「シャドーコンプレックスの中心部位（特に首、荒魂、命門、仙骨付近）」に潜み、人生の霊的ブロック（障害）をしている存在をご開運して、元の御座《みくら》（本来の場所）にお帰りいただく特殊なメソッドです。

昇霊法と除霊とは違います。除霊とは体内に潜む霊的存在を強制的に体外に出してしまう方法です。これでは浄化されないため、また憑依することが多いのです。

昇霊法を受けた人の感想としては「首から肩、背中がすっきりしました」「今まで霊的な影響を受けやすかったのが、あまり受けにくくなりました」「今までよりスムーズに物事が進むようになりました」のほか、次のような声もありました。

「平成一八年一一月に特別セッションで昇霊法を受け、その後のセミナーでシャドーコンプレックスの清めと改善をしました。そうしたら平成一九年に入って、希望通りの仕事に就くことができ、年収も一気に三倍になりました」

宿命・運命の清め・改善や前世・先祖のカルマ昇華なども行なっていますので、相乗効果により霊的ブロックをはじめ、行動や心のブロックも減ってきた気がします。一番ネッ

クだった仕事運がアップして、とてもうれしいです」（愛知県・Hさん）
また、宿命・運命の清めと改善法は人生の設計プログラミングそのものの改良になりますから、その表れである手相も改善させることがわかっています。H氏が、宿命・運命の清めと改善法を行なったところ、手相の各線が濃く、はっきり出てきたということです。私も手相がさらに良くなり、運命線の下側から小指の方向に伸びる財運線も出てきました。
このように、宿命・運命の清めと改善を行なうと手相も良くなるのです。手相開運法と併用すると、より効果が高くなります。

開運し、豊かな人生を自ら「創造」していく

私が開運カウンセリングをしていますと、「本人が日々選んでいることがそのまま人生になっている」ということを強く感じます。良きにつけ、悪しきにつけ、人間は自らの思考と選択の力によって人生を創り出しているのです。したがって、豊かな人生は、開運法も活用して、主体的に自分で創っていくことがポイントになります。

若者の中には「自分探し」や「天職探し」をしている人がいますが、自分も天職もわが

内にあります。外に探すのではなく、自分のレベルアップをはかり、自ら創っていくという発想がよいのです。

開運者の特長は、「声がやや大きく、自己評価が高く、選択するのが早く、自分の人生を大切にし、人生に責任をもっている」ということです。自己評価とは「自分が好きで、自分が大切である。自分を肯定的にとらえており、自信がある」ということです。

円満な自己評価は幸福になる精神的源泉となります。「私はできる。必ずできる」と自己評価を高めて、「開運の原因」を自ら積極的に創造し、「豊かさの結果」を得ていく生き方をすることです。自ら明るい未来の原因と結果を創り出すことを、「輝く未来を自己実現する」といいます。

人生は習慣であり、「開運と豊かさを念頭において、何事も自主的に選ぶトレーニングをする」ことです。その選択の積み重ねによって、豊かになるための的確な選択ができるようになります。

開運カウンセリングにおいても、霊的なトラブル（障害）を受けやすい人は、心が弱い傾向があります。他者に依存している人が霊的影響を受けやすいのです。自分を責めたり、自分を否定したり、不安や恐れを常に感じていると、心がだんだん弱くなっていきます。

自己評価を高め、心を強くするには、日頃から自分の体に感謝して、自己を励まし、ほめて、心に栄養を与えることです。疲れた時には、自分をねぎらい、いたわり、養生をしましょう。自己評価を高めながら、他者に感謝することで、他者からの評価も高まります。

そして、「自分の人生を大切にし、人生に責任をもち、豊かな人生を創っていくのだ」と決意することです。その「人生創造の決意と行動」が守護のご存在を動かします。それが「神・仏・先祖」からたくさん〈おかげ〉をいただけるコツであり、神人和楽の人生を送る秘訣でもあります。

おわりに――自分の人生を大切にし、相手の人生を尊重する

開運は、「自分の人生を大切にする」ことから始まります。開運カウンセリングをしていて、トラブルや悩みが多い人を観ていますと、自分の人生を大切にしていない人が多いのです。自己を大切にする意識が弱いと、問題を拡大させます。

たとえば、離婚の相談の場合、結婚する際に相手が好きではなかったのに、その時の流れで結婚してしまったというケースがよくあります。好きでない人と結婚しても、長い年月を仲良く暮らせるはずがありません。病気の原因の八〇%は生活習慣が原因ですが、自分の人生を大切にする意識が低い人は当然、病気になりやすいのです。過労死も仕事を優先し、〈人生のための仕事〉という視点が欠けているからではないでしょうか。

会社のために尽くしても、自分自身の人生を大切にしていないと、大切にしていない部分がトラブルとなります。人生のトラブルは本人が大切にしていない分野に起きやすいの

です。そこから自分が不足している部分に気づき、反省し、改善していけばよいのです。自分の人生を大切にしようと思っていれば、よく考えた上で行動するようになります。悩むのではなく、しっかり心配して（心を配って）、早く対策を打つことです。〈悩む〉とは脳という文字に似ているように、頭だけで、行動が伴わないことをいいます。

自分の人生を大切にし、尊重することが、周りの家族を大切にし、尊重することにつながります。また、「己に克つ」のではなく、自分で「自己を後押し」していきます。自分を後押しするために、自分を励まし、なぐさめ、ほめて感謝します。同様に、相手を励まし、なぐさめ、ほめて感謝することで、相手の心に栄養を与えます。そうすることで、自分の味方（サポート）も増えていきます。

自分の人生を大切にするにはまず、「健康、お金、時間（約束）」を大切にすることです。心と体の養生を心がけ、健全な社会生活を送ります。自分を責めたり、否定すると、〝心の健康〟をそこないます。心と体の健康が豊かな人生を送るための基本です。

お金は人生を豊かにし、人生にゆとりと選択の幅をもたらします。そして、経済的ゆとりがあると、社会への貢献もやりやすいのです。開運カウンセリングをしていると、人生の問題の七〇％はお金がからんでいることがわかります。お金の問題を解決することが問題解決の近道になります。

また、「時は生命なり」です。時間を大切にすることは、自分の生命や人生を大切にすることです。自分の人生を大切にしない人が法律を破り、罪を犯すのです。現代の法律は罪を犯した人に対しては、刑事裁判では刑務所に入れることで、その人の時間を拘束します。民事裁判では、賠償金という形でお金で支払わせます。つまり、人生で最重要な時間とお金で罰を与えるわけです。

「健康、お金、時間」を管理することが、自分の人生を管理（マネジメント）することになります。金欠病は〈経済的生活習慣病〉であり、健康管理ならぬお金管理・時間管理ができていないのです。

「貧乏ひまなし」といいます。お金の管理ができていない人は、時間の管理もできていない人がほとんどです。お金のムダ使いをする人は、時間も浪費する傾向があります。遅刻が多かったり、約束を破るのは、自分の人生を大切にしていないからです。

人生設定でも、この「健康、お金、時間」に関する目標を立てます。「神・仏・先祖」の守護のご存在は具体的な目標を示してくれた方がバックアップしやすいのです。「健康、お金、時間」に関する目標を「神・仏・先祖」に伝え、本書のさまざまな開運法を行なうとよいでしょう。
最後に、本書の出版の機会を与えてくださったたま出版の皆さまと高橋清貴さんに深く感謝いたします。また、体験談を寄せてくださった皆さん、まほろば研究会の皆さん、成冨ほほみさん、渡邊ユリカさん、おかげ様で、ありがとうございました。皆様に感謝の気持ちを込めて、筆を置きます。

平成二十年二月吉日

著者識

◎本書の内容についての電話や手紙での質問はお受けできません。内容については講座等で、ご質問ください。

◎著者は「東京都板橋区成増」において、開運カウンセリング、開運カウンセラー養成クラス、超豪華「七福神仏」の福運吉祥講座、言霊実現力を高める講座、三世（前世・現世・来世）のご開運講座、産土インストラクター講座、金運＋願望実現法講座などを行なっています。また、さまざまな開運アイテムも販売しています。

本書で紹介している産土神社や鎮守神社の通信リサーチも行なっています。各種開運講座や開運カウンセリング、通信リサーチ、開運アイテムに関心のある方は、左記に資料請求していただければ幸甚です。

有限会社メンタルサイエンス
ＴＥＬ　０３―５９９７―１０１５（月曜定休・午前九時半〜午後六時半受付）
ＦＡＸ　０３―３９３９―９７７０
山田雅晴公式サイト　http://www.yamada-masaharu.co.jp

参考文献

参考にさせていただいた著者、編者の皆様に深く感謝いたします。

『日本書紀』坂本太郎・家永三郎・井上光貞・大野晋校注、岩波書店
『神道大辞典』宮地直一・佐伯有義監修、臨川書店
『自己評価の心理学』クリストフ・アンドレ&フランソワ・ルロール著、高野優訳、紀伊國屋書店
『自信を育てる心理学』ナサニエル・ブランデン著、手塚郁恵訳、春秋社
『いやな気分よ　さようなら』デビット・D・バーンズ著、野村総一郎・夏苅郁子・山岡功一・小池梨花・佐藤美奈子・林建郎訳、星和書店
『衝動病理学〔増補〕ソンディ・テスト』大塚義孝著、誠信書房

『この1冊で哲学がわかる!』白取春彦著、三笠書房
『ブッダの生涯』中村元訳、岩波書店
『梵字事典』中村瑞隆・石村喜英・三友健容編著、雄山閣
『真言・梵字の基礎知識』大法輪編集部編、大法輪閣
『会社が放り出したい人　1億積んでもほしい人』堀紘一著、PHP文庫
『強い社長は「ケチ」で「せっかち」「小心」である』松井健一著、かんき出版
『心を読み解くユング心理学』船井哲夫著、ナツメ社
『手にとるようにユング心理学がわかる本』長尾剛著、かんき出版
『使える弁証法』田坂広志著、東洋経済新報社
『よくわかる手相の見方』高山東明監修、西東社
『密教ヨーガ』本山博著、宗教心理出版
『東洋の予知学』高尾義政著、高尾学館算命出版

〈著者紹介〉

山田 雅晴（やまだ まさはる）

開運カウンセラー協会代表、神道教師。昭和 32 年生まれ、広島大学教育学部卒。有限会社メンタルサイエンス代表取締役。まほろば研究会を主宰する。「精神的豊かさと物質的豊かさ」の陰陽調和をはかり、豊かな人生を味わうための総合開運学（ホリスティック開運学）を実践・指導している。長年の神道思想の生理学的、心理学的研究を評価され、平成 11 年に米国・ホーソン大学より、Ph.D.（ドクター・オブ・フィロソフィー・イン・サイコロジー＝名誉心理学博士）を贈呈される。

〔著書〕

『決定版・神社開運法』『太陽の神人・黒住宗忠』『神々の聖地』『超カンタン神社ヒーリング』『バージョンアップ版神社ヒーリング』『超日本人の時代』（以上、たま出版）、『足し算＆かけ算思考で、あなたの人生は変わる！』（メタモル出版）、『古神道のヨミガエリ』（徳間書店）、『バージョンアップ版古神道の行法と科学』『運命を開く古神道の秘密』（以上、ＢＡＢジャパン）、『時《とき》霊《たま》からの警鐘』『光の東京大結界』（以上、コボリ出版）、『鎮守の森ルネサンス』（ジュピター出版）。

秘伝公開！　神社仏閣開運法

2008年 6 月 2 日　　初版第 1 刷発行
2014年 9 月 1 日　　初版第 3 刷発行

著　者　　山田 雅晴
発行者　　韮澤 潤一郎
発行所　　株式会社 たま出版
〒160-0004　東京都新宿区四谷4-28-20
電話 03-5369-3051（代表）
http://tamabook.com
振　替 00130-5-94804
印刷所　　図書印刷株式会社

乱丁・落丁本お取り替えいたします。

ISBN978-4-8127-0255-0 C0011